高齢者施設介護への視座

施設入居者の生活実態及び
介護労働における歩行調査を手がかりに

仲田 勝美 著

学文社

目　次

序　論
- Ⅰ．本書の目的 ……………………………………………………………… 1
- Ⅱ．本書の構成 ……………………………………………………………… 3

第Ⅰ部　重度化する施設入居者の生活実態

第1章　高齢者施設における入居者の重度化と個別化に向けた介護実践の歴史 …………………………………………………… 6
- Ⅰ．高齢者施設の歴史
  ―老人福祉法制定前後の特別養護老人ホームを中心に― …………… 6
- Ⅱ．急増する特別養護老人ホーム
  ―求められる重度化する入居者への対応― ………………………… 7
- Ⅲ．認知症高齢者への対応 ………………………………………………… 8
- Ⅳ．施設生活の様相―生活の場，個別化の歴史― ……………………… 8
- Ⅴ．施設の社会化・地域化への社会的な要請 …………………………… 9
- Ⅵ．職員構成の基準づくりに向けた取り組み ………………………… 10
- Ⅶ．古くて新しい課題 …………………………………………………… 11

第2章　指定介護老人福祉施設における優先入所基準の現状と課題 …………………………………………………………………… 13
- Ⅰ．指定介護老人福祉施設における優先入所について ……………… 13
- Ⅱ．研究の背景 …………………………………………………………… 14
- Ⅲ．研究方法 ……………………………………………………………… 14
- Ⅳ．研究の効果 …………………………………………………………… 16
- Ⅴ．調査対象施設の概要 ………………………………………………… 16

    Ⅵ. B苑次期入所者決定要綱 ……………………………………17
    Ⅶ. 調査結果 ……………………………………………………18
    Ⅷ. 施設入所に携わる施設管理職員へのアンケート結果 ………23
    Ⅸ. 考　察 ………………………………………………………30
    Ⅹ. 研究の限界 …………………………………………………34

第3章　指定介護老人福祉施設における認知症高齢者の行動特性
　　　　からみた施設生活の実態 ………………………………………35
    Ⅰ. 研究の目的 …………………………………………………35
    Ⅱ. 研究方法 ……………………………………………………35
    Ⅲ. 調査結果 ……………………………………………………43
    Ⅳ. 考　察 ………………………………………………………47
    Ⅴ. 研究の限界 …………………………………………………52

第4章　認知症高齢者介護の方法論の検討に必要な基本条件に
　　　　関する研究 …………………………………………………………53
    Ⅰ. 問題意識と背景 ……………………………………………53
    Ⅱ. 本研究の目的 ………………………………………………54
    Ⅲ. 研究方法 ……………………………………………………54
    Ⅳ. 調査結果 ……………………………………………………58
    Ⅴ. 考　察 ………………………………………………………63
    Ⅵ. 研究の限界 …………………………………………………67

第Ⅱ部　介護職員の業務における身体活動量に関する研究
—歩数量と運動強度及び業務との関連から—

第5章　ユニット型及び従来型指定介護老人福祉施設間及び新人・中堅職員間における歩数量からみた介護労働の実際 …………70
　Ⅰ．問題意識 …………………………………………………………70
　Ⅱ．研究の目的 ………………………………………………………70
　Ⅲ．研究方法 …………………………………………………………71
　Ⅳ．介護職員の歩数調査結果 ………………………………………73
　Ⅴ．考　察 ……………………………………………………………76

第6章　介護職員の歩数量及び運動強度からみた施設介護労働の実態—状態の異なる入所者で構成されるフロアにおける比較— …………81
　Ⅰ．研究の目的 ………………………………………………………81
　Ⅱ．研究方法 …………………………………………………………81
　Ⅲ．研究結果 …………………………………………………………82
　Ⅳ．考　察 ……………………………………………………………83

第7章　ユニット型施設における介護職員の歩数量及び運動強度からみた介護労働の実態—日勤帯及び夜勤帯における比較検討— …………87
　Ⅰ．問題意識 …………………………………………………………87
　Ⅱ．研究の目的 ………………………………………………………87
　Ⅲ．研究の方法 ………………………………………………………88
　Ⅳ．研究結果 …………………………………………………………89
　Ⅴ．考　察 ……………………………………………………………90

第8章　ユニット型施設における介護職員の業務内容及び運動強度
　　　　との関連からみた介護労働の実態 ………………………………………97
　Ⅰ．研究の目的 …………………………………………………………………97
　Ⅱ．研究の方法 …………………………………………………………………97
　Ⅲ．調査結果 ……………………………………………………………………99
　Ⅳ．考　察 ……………………………………………………………………107

第Ⅲ部　総合考察

第9章　高齢者施設介護への視座 …………………………………………………114
　Ⅰ．施設入居者を尊厳のある存在として理解するために ………………114
　Ⅱ．入居者の生活実態から―入居者の思いを受け止めることが
　　　できる介護方法論の検討― ……………………………………………118
　Ⅲ．施設介護職員の労働環境・条件の改善に向けて …………………120

序　論

Ⅰ．本書の目的

　2000年から動き出した介護保険制度においては，在宅指向が強調されているが，高齢者施設が持つ機能，社会的役割，必要性は揺らがないといえよう。施設サービスの充実が図られなければ，社会全体で要介護者を支えることは困難なためである。例えば，要介護者の重度化（身体機能の著しい衰え，認知症の進行等）ということひとつ取り上げてみても，居宅での介護継続が困難となり，専門職者による，より集中的（手厚い）な援助の場が必要となる。言うまでもないがその場が施設ということになる。ここで大切と思われる視点は，施設が必要か否かということではなく，要介護者一人ひとりにとって施設という場が，どうあることが望ましいのか，という議論と，それを実現する実践のあり方が問われているといえよう。

　また本書でも論じるが，高齢者施設においては「重度化する要介護者の受け入れ」と「個別化の重視」の2点は国が示す方針である。

　まず，「重度化する要介護者の受け入れ」において指定介護老人福祉施設においては要介護3以上の者に限定する施策がとられている。そのため，高齢者施設全体においても介護職員らによる「医療的行為」の緩和策が示され，すでに実施されている。医療を必要とする入居者の議論においては，今日の課題であると認識されているところであるが，その議論は老人福祉法制定以前におけ

る調査や，先人らの実践の中で明らかとなっており，医療の必要性や連携に向けた提言もなされてきた歴史がある（第Ⅰ部1章に詳しい）。

そして，「個別化の重視」においても，1970年代から，様々な取り組みや議論が交わされており，こちらも歴史を紐解くと，先人らの取り組みは，現代の介護の道標となっていると認識できる。

また，高齢者施設では「生活」をキーワードとし，日々実践と生活の営みがなされている。その際，常に「援助者（介護職員）の立場」と「被援助者（入居者）の立場」という2つの側面が存在している。例えば施設介護の場面に着目してみると，介護職員としては，集団プログラムを基本として，業務や日課を形成しつつ，その中で「個別ケアの実現」という目標の下，ケアプランの立案・実施がなされ，入居者一人ひとりに"ケア"を通じ，アプローチすることが求められている。

また入居者としては，施設生活において集団生活を基本としており，そのことについてはゴッフマン（E.Goffman）が指摘しているように，そのあり方が特異的なものであるという，ネガティブな側面で捉えられることが多くある（total institution）。しかしそのような中で，入居者それぞれが様々な思いを持ち，施設での生活を営んでいるだろう。何故なら入居者は，それぞれが個別な生活歴を有した存在であるためである。よく「尊厳を守る」ことの必要性が言われているが，それはその人の歴史（生活史）をも含んだ形で，議論されるべきであると筆者は考えている。

このように，それぞれの立場によって視点が異なる部分と，立場を超えてお互いが共有する視点も存在する。その視点とは「生活」であり，そこに援助者の「ねらい」や，要介護者の「思い」が存在し，それらが一致するいわば「つながり」をどう高齢者施設において実現するのかが重要となるであろう。

しかし，両者にとって何らかの「隔たり」があり，お互いが共有する接点が導き出せないとすれば，その要因となるものは何であるのか，なぜそのような状況であるのか，という実態を正確に捉えつつ，両者の共同（働）関係を基盤として，あるべき生活像を模索することは，高齢者施設で働く介護職員と，そ

こで個別な存在として生活を営む入居者,双方にとって大きな課題であるといえよう。

ここに介護職員の実際と入居者の実際という複眼で高齢者施設を捉えた現状把握と課題克服への視点を示していくことが,本書のタイトルにある「視座」と認識してもらいたい。

Ⅱ. 本書の構成

上記の視点をふまえつつ,本書においては以下の点について考察することを目的とする。

第Ⅰ部の構成とねらいとして,高齢者施設において,「重度化」及び「個別性」という今日的な課題がどのように歴史的な流れの中で位置づけられ,議論されてきたのか,文献を紐解いてみた。次に,介護保険制度以降,高齢者施設で暮らす入居者は,在宅での生活の困難さ,そして制度的な枠組みの中で重度化したこと,もしくはしていることを「条件」として生活することとなっている。これは生活の場として機能している施設が,より医療依存度を高めた「療養」の場へと変容していくことを窺い知るものである。それは介護のあり方も,重度化する入居者の状態に応じたものへと変化していくことが求められているということでもある。このようなことから,重度化する入居者の入所判断を施設側がどのような基準に基づき,また何を考慮して協議・決定しているのか,その「思考の基準(優先順位)」とはどのような特性を持つものかを明らかにする。

そして,その基準で入居に至った高齢者(特に認知症の症状を有している入居者)の生活について「活動性」という視点で,より詳細で具体的に捉えることを試みた。その生活実態から,「非活動的」な生活状況が浮き彫りとなってきた中で,その状況を脱却していくためには,やはり介護職員らの関与がなくては実現できない課題であることが明らかとなった。つまり,施設で生活を営む入居者の状態に応じた介護のあり方としての,「介護方法論の検討」が求められており,そのための基盤として,どのように「かかわり合い」の場と時間を確保すべきか,をふまえつつ,介護方法論検討のための「基本条件」を提示し

た。

　第Ⅱ部の構成とねらいとして，介護職員の展開する業務がどのような特性や構造を持つものであるのかという点について検討した。その方法として，介護職員らの労働の際の「歩行状況」それも「歩数量」とその際の負荷としての「運動強度」の実際から，施設介護労働の持つ特性を明らかとするよう努めた。それも，従来型及ユニット型施設というタイプの異なる施設間及び施設内における調査の実施である。その状況を勤務年数や，入居者構成の異なるフロアー間，また日勤帯及び夜勤帯における比較，そして，業務内容と運動強度の関連，といった複数の異なる条件を加味して検討を試みた。これら複数の要因をふまえることで，介護職員らの施設介護労働の実際をより把握していくことを目指した。

　その結果として，介護職員らは，ただ闇雲に業務をこなしているのではなく，絶えず入居者の状態に応じた動きや，判断を考慮しつつ業務にあたっていることが推察された。そしてその負担は強い強度として，目につきやすい状況で現れる「負担」と，弱い強度のもとで，その状態が絶えず連続した状況の中で，目につき難い状況で現れる「負担」を強いられていることが明らかとなっていった。

　そして第Ⅲ部の総合考察では，上述した研究結果をふまえ，高齢者施設介護における視座となるいくつかの要件と提言をまとめた。その詳細は本書の中で，探究されているので，一読して頂きたい。

　調査で得たデータについては，できる限り詳細かつ丁寧に取り扱ったつもりである。歴史を紐解き，現代的な実態をふまえ，これからの高齢者施設における介護のあり方を検討する上で，本書が少しでも役立つことができれば，幸いである。

第Ⅰ部

重度化する施設入居者の生活実態

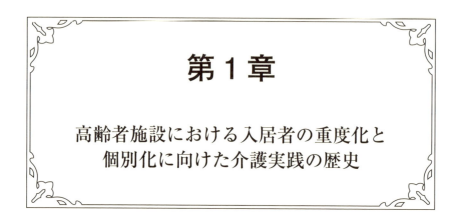

I. 高齢者施設の歴史
　　―老人福祉法制定前後の特別養護老人ホームを中心に―

　介護保険制度において様々な形態の施設が，在宅及び施設介護，または地域密着型において存在する。いずれの施設形態においても，一定の集団性を保持しつつ，一人ひとりの入居者が尊厳のある存在として支援を受けながら生活を営んでいる。その中で「介護保険施設」として機能する施設に「介護老人福祉施設（特別養護老人ホーム）」がある。その歴史は高齢者施設の中においても古く，様々な実践が生活に密着した形で，積み重ねられてきたという事実は無視できない。なぜなら，現代の介護の源は先人の英知の上に築かれており，よってその認識を持つことは意味があるものと考えることができるからである。そこで，1963（昭和 38）年に成立した，老人福祉法制定前後の，介護老人福祉施設の歴史的変遷と，その実践について紐解いてみたいと思う。

　『全国老人福祉施設協議会六十年史』によれば，老人福祉法制定までにその要望や運動は昭和 20 年代中頃からあったと記している[1]。そしてその原案となる「老人福祉法試案」なるものが 1953（昭和 28）年に，潮谷総一郎（慈愛園園長），杉村春三（慈愛園パウラスホーム初代園長）の両氏により準備されていたことからも，老人福祉の充実を願う機運があったようである。

　また当時の厚生省は，老人福祉法制定をひかえ 1962（昭和 37）年に行った

「養老施設収容者調査」をもとに，病弱者が3割いることを把握し，1963（昭和38）年度予算の中に，病弱者への医学的管理を必要とする「看護老人ホーム」の新設が予定され，議論されていた。しかし，その計画はついに実現することはなかった。

ただし，医療的対応の必要性がなくなったわけではなく，実際，静岡県浜松市では，聖隷保養園が主に病弱高齢者を収容保護する養老施設を「十字の園」として創設している。園長の鈴木生二氏は，介護と看護が同時に行われる場合が多く，介護と看護を分断することは困難であることを言及している[2]。

Ⅱ. 急増する特別養護老人ホーム
―求められる重度化する入居者への対応―

老人福祉法制定を契機に，全国に老人ホームの増設が促進されることとなったわけだが，特に1971（昭和46）年からはじまった「社会福祉施設緊急整備五ヵ年計画」に基づいた計画的な増設によるものである。この計画以降，10年の間に年間100施設を超えるピッチで整備が進められていった（この10年間で老人ホーム1,167カ所，定員8,300名，従事者43,000名増加している）[3]。この期間で養護老人ホームの設置数を特別養護老人ホームが上回る状況が発生した。これは老人福祉施設の主流は特別養護老人ホームへ移行したことを示しているといえるだろう。つまり，何らかの障害や疾病等に伴い，常時介護が必要となり，居宅での生活が困難な状況にある高齢者を対象とした，長期の入所生活施設として機能することが社会的に求められていることを示すものでもある。この時点においても日常的に専門的な対応が求められる状況を有した入居者を想定しており，看護や医療的な処置を必要とする実情があったことを意味していると考えることができるだろう。

例えば，「第2回全国老人ホーム基礎調査」（1983年）において，入居者のADLについて「当然といえば当然だが，入浴，排泄，歩行，着脱において要介護の度合いが高くなることがここでも明らかである」とある一方，精神的状況においては「ひどい物忘れ」であり，「理解力がないか，極めて低い」，「日

常行動がうまくいかない」、「不眠症」であり、これに「幻覚、幻視」、「うつ状態」、「ひどい邪推」が続いている状況を示しており、「こうした症状を抱えた老人が1人でも2人でもいたら処遇上大変なことであり、（中略）集団全体に大きな影響を及ぼすことになる」と言及している[4]。

このように、入居者の身体・精神面での重度化や障害が、ケアスタッフのみならず他の入居者への影響を苦慮している、当時の施設の事情を垣間見ることができる。

Ⅲ．認知症高齢者への対応

先の「第2回全国老人ホーム基礎調査」(1983年)においても精神的に不安定な状態を有する入居者の存在が明らかとなっていたが、次いで実施された「第3回全国老人ホーム基礎調査」(1988年)においては明確に「痴呆性老人の増加」が施設入居者において見られることが調査によって明らかとされている。また同年に実施された調査結果においても「特別養護老人ホームにあっては、入所定員の約半数（43％）に迫る勢いであり、この傾向は今後ともそのスピードを増すことになるだろう」と指摘しており、「老人ホームにとって、痴呆性老人のケアのあり方は、最重要課題のひとつとなっている」としている[5]。

松家幸子氏は、今後増加する痴呆性老人への対応について「特養には何らかの形で精神科医が関わりを持つことができるようなシステムがないと対応に困る」と言及しており「最終的には特養ではチームワークなくして痴呆老人のケアも随時交換（おむつ交換）も何もできないのです」[6]と医療機関との連携および施設内における連携の必要性と構築についてふれている。

Ⅳ．施設生活の様相—生活の場、個別化の歴史—

収容の場として機能していた施設において、全国的に、大きな転換の機会となったのは、1977（昭和52）年に行われた「老人ホームのこれからのあり方」答申がそのひとつであると認識されている。この答申では、施設を「収容の場」から「生活の場」として位置づけることを強調し、そのことをふまえ、人間に

とっての生活のあり方を巡って実践が積極的に展開されている。その一例として，三食バイキングの実施，オムツ外し運動，入浴時間，食事時間の検討・改善，生活時間の拘束性からの自由なあり方，ベッド離床，酒の自由化，多様なクラブ活動，地域の人びととの交流，施設職員の研修・学習・研究の要望そして実施と[7]。このように現代の施設介護の基礎となる実践が盛んに行われていたのだった。現在盛んに言われている「個別性」についても，すでにこの当時から議論・実践がなされていたと考えることができる。またこのような実践の背景には，施設で生活する入居者たちの生活の場として施設が機能していくことへの切実な願いが存在していたことが推察できる。

また，もし看護老人ホーム構想が実現していたならば，特別養護老人ホームは「生活の場」としての機能を有することはなかったかもしれないことが推察される。その意味では，看護老人ホーム構想が予算化されていたにもかかわらず，頓挫した出来事は現代の高齢者施設に繋がる，歴史的にも大きな副産物と言える側面も含んでいるように思われる。

Ⅴ．施設の社会化・地域化への社会的な要請

さらに，施設が地域の中でどのように機能していくべきかの議論も1970年代頃から盛んになされるようになっていた。社会保障制度審議会建議「老人福祉のあり方について」(1985年) をふまえ，全国老人福祉施設協議会においては「地域における役割を積極的に担える施設づくり」が推し進められるようになった。このことは「施設の社会化や地域化」という概念で整理されていくことになる。そのことを『地域福祉事典』(1997) では「施設の社会化とは，入所者が社会の一員として社会性を保持しつつ，質の高い生活を享受できるよう支援するとともに，地域の福祉ニーズに応え，地域社会に根付き，拠点施設として機能することができることを目的に，社会福祉施設と地域社会との関係を樹立していく過程」[8]と定義している。

VI. 職員構成の基準づくりに向けた取り組み

このように施設という場が，収容から生活の場へと転換が求められ，また社会的な要請によって施設の機能を，地域の中で評価する動きが見られた。他方，施設で暮らす入居者，そしてそれを支える職員らの実践も，個別性を重視しつつ，生活を意識したものへ転換していったようである。

では現在の高齢者施設における職員の人員配置は，どのような経緯により定められていったのだろうか。その歴史を紐解くと，名古屋厚生院における取り組みがある。同院は，老人福祉法制定のもと，特別養護老人ホーム許可第一号として全国に先駆けて設置された施設である。その院長である前田甲子郎氏によると，「全くモデルのない新しい特殊施設の運営には，まず特別基準の申請許可が必要となる。どのような人々を具体的に収容するのか対象の把握，それから人々をお世話する職員の人員構成，必要な経費の割り出しなどの作業が活発に進められていた。」と当時の状況を話している。そして，入居者の状態と関連させながら，ケアスタッフらの業務状況の把握を行い，その調査結果をふまえ，「80人の定員に直接処遇職員として看護婦四，寮母九，計13名が割り出され」としている。その成果から，必要とされる職員構成を国に提示している[9]。

また，愛全園の園長でもある森口幸雄氏は，医師の立場から，養護老人ホームの入居者に比べ，特別養護老人ホームでは，5〜10倍の診察が必要であることに言及し，老人2人に対し，1人の割合で寮母が絶対に必要との見解も示している[10]。

このように，職員基準において，手探りの中で提言されていった歴史と，その背景には入居者の重度化があり，そのことを加味した人員配置の必要性が示されていたのである。

VII. 古くて新しい課題

このように，施設で暮らす入居者の身体・精神面を含んだ重度化がもたらす

生活面での影響が示されていた。その中でも認知症状を有する者の増加と対応に関する指摘があった。他方，施設介護職員らの人員配置といった労働環境に関する指摘もあった。その中でもケアの充実，とりわけ個別性に配慮した介護の模索については，長い間議論されてきた課題であることを窺い知るものであった。また，施設機能においても，社会または地域において果たす役割について指摘があった。それは施設の社会化・地域化という概念で整理されていた。

このように，今日の超高齢社会を支える高齢者施設のあり方について，その歴史を紐解いてみると，以下のように捉えることができる。それは，今日，突然現れた「未知」なる課題ではなく，一定の歴史的蓄積の上にあること，つまり先人たちがその「道」を示して来たことをふまえなければならない。このことから，施設入居者の重度化及び施設介護労働のあり方の議論は，過去から現代へ連なっていく，もしくはひき継がれていく（来た）課題でもあり，古くて新しい課題という様相を呈しているといえるだろう。

注
1）全国老人福祉施設協議会『全国老人福祉施設協議会六十年史―激動の十年―』全国社会福祉協議会　1993　p.9。
2）鈴木生二「特別養護老人ホーム十字の園の実践と将来への希望」『老人福祉』33　全国養老事業協会　1965　p.40。
3）全国老人福祉施設協議会『全国老人福祉施設協議会五十年史』全国社会福祉協議会　1984　p.124。
4）全国老人福祉施設協議会「第2回全国老人ホーム基礎調査」1983　pp.75-76。
5）全国老人福祉施設協議会　前掲書　1993　p.128。
6）全国老人福祉施設協議会　前掲書　1984　pp.554-555。
7）全国老人福祉施設協議会　前掲書　1993　pp.12-14。
8）日本地域福祉学会編『地域福祉事典』中央法規　1997　p.292。
9）全国老人福祉施設協議会　前掲書　1984　pp.196-199。
10）森口幸雄「特養の問題点」『老人福祉』33　全国養老事業協会　1965　p.38。

【参考文献】

小笠原祐次『介護の基本と考え方』中央法規　1995
小笠原祐次『生活の場としての老人ホーム』中央法規　1999
同和園『同和園七十年史』社会福祉法人同和園　1997
三好明夫編著『介護福祉学』学文社　2006
百瀬孝『日本老人福祉史』中央法規　1997

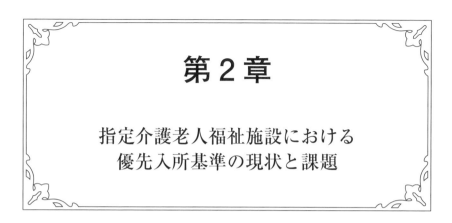

第2章

指定介護老人福祉施設における優先入所基準の現状と課題

Ⅰ．指定介護老人福祉施設における優先入所について

　指定介護老人福祉施設における優先入所については，「指定介護老人福祉施設等の入所に関する指針について」（平成26年12月12日老高発1212第1号）において，2015（平成27）年4月1日以降の施設への入所が原則要介護3以上に限定された。またその一方で，居宅において日常生活を営むことが困難なことについてやむを得ない事由があることによる要介護1又は2の方の特例的な施設への入所（特例入所）が認められることとなった。

　このように施設は，より重度化し，介護の必要度の高い高齢者を対象とした場所へと位置づけられていくことになった。それは介護職員の介護負担の増加や，日常的な医療的ケアの実施といった，より専門的な対応が求められることを意味している。つまり施設は，重介護に対応した介護体制や援助方法が求められるということであろう。

　本章では，今回の通知以前において，すでに施設で対応を求められていた「優先的入所」に伴って，重度化する入居者をどのような判断のもと，選定しているのか，その実際に関わっている施設管理職員らの合意形成のプロセスに焦点をあてている。また，そこからみえる課題を提示するものである。以下当時の状況を示していくこととする。

　なお，当時はまだ「痴呆症」という言葉が用いられていたことから，本文中

においては「認知症」と表記するが,データにおいては,当時の記録の厳密性を考慮して「痴呆症」の表記のままで使用することを断っておく。

II. 研究の背景

上述した歴史的な変遷から現代的な状況をふまえつつ,優先入所基準がどのように執り行われていたのかをみると,2004(平成16)年4月より,「指定介護老人福祉施設の人員,設備及び運営に関する基準」(平成11年3月31日厚生省令第39号)の一部が改正され,入所に際して緊急性の高いケースの施設利用を優先的に進める入所判定基準を用いている。このように数値化された基準に基づき,指定介護老人福祉施設への入所は規定されることとなった。この当時は,強い強制力を伴うものでは無いものの,実際の施設入所においては影響力をもつ指針であった。

このような状況下において施設では,優先入所基準を基本としつつ,施設入所判断に関わる施設管理職員らは,実際の介護サービス提供場面を想定して入所判断をしていた。

そして施設入所に至った入居者への介護サービスは日々提供されており,個人に合わせた介護サービスの提供が求められていた。

III. 研究方法

1. 調査の実施時期

予備調査として2004(平成16)年6月16日及び7月7日に介護老人福祉施設B苑を訪問し,平成15年度分の入所判定会議議事録,待機者状況記録,入所判定時に用いた調査用紙,入所判定に関する県及び厚生労働省通達の一部,B苑の入所決定要綱等,基礎資料を収集し,施設介護部長,施設相談員,介護主任に優先入所に関する施設の現状等,ヒアリングを行った。

またアンケート調査の実施に伴い,8月18日に施設へ手渡しにて直接依頼。回収は8月30日とした。

2．対象施設の選定理由

B苑選定の理由としては，措置制度からの施設であり，多様な資料，実績内容が示されたデータが蓄積されている。また，優先入所においても平成14年8月という早い時期から取り組みが成されており，資料，情報量，データの蓄積，整理がなされていることから調査対象施設とした。

3．データ分析の方法と目的

まず1点目は，予備調査として平成15年度分の入所判定会議議事録による基礎データに示された平成16年3月分の優先入所者リストとして挙がった利用者45名の生活状況についての情報の集計，分析を実施した。その理由として，施設入所を希望する要介護高齢者がどのような生活状況に置かれているのかを明らかにするためである。そしてさらに生活状況を細かく見ることにより，要介護高齢者の生活状況を知ることができると考えたからである。

2点目として，平成15年4月～平成16年3月（平成15年度）までの1年間を通して，施設入所に至った23ケースの生活状況に関する資料を集計し，その要介護高齢者がどのような生活状況に置かれているのかを明らかにすることを目的とした。特に在宅から施設へという経路で入所した要因について集計し，在宅での介護が困難な要因を明らかにした。このような情報の集計及び分析は，実際に施設入所に至った入居者の生活背景，介護状況といった実態を示す上において必要と考えられるため，実施した。

3点目として，優先入所基準によって施設入所に至った23名について，「身体的要因」「精神的要因」「社会（家族）的要因」という3側面で捉えることとした。「身体的要因」においては，老人福祉施設関係法令通知集において規定されている，①排泄，②入浴，③食事，④着脱，⑤移動，⑥整容という枠組みで捉え，その内容を全介助，一部（部分）介助，自立という観点で捉えることとした。「精神的要因」においては，認知症の症状の程度にともなう生活上の不適応行動の有無とその程度，状態について集計した。「社会（家族）的要因」としては，家族が在宅で介護困難となっている状況を具体的に示した。これら

3側面からの視点は基本的な施設入所の要因であり，同時に施設管理職員らが，入所を判断することにもつながっていると考えられるため，その実態について明らかとすることを目的とした。

4点目として，入所判定に関わる施設管理職員11名へのアンケート調査を実施し，彼らがどのような判断基準をもとに介護サービスの見通しを持っているのか，明らかにすることを研究の目的とした。

Ⅳ．研究の効果

本調査においては優先入所基準が指定介護老人福祉施設に及ぼしている，施設入所及び実際の介護サービス提供までの実態を明らかにすることで，今後の介護サービス提供時における課題を示すことができる。

Ⅴ．調査対象施設の概要

1．沿革と事業内容

B苑は平成3年4月に開設（定員80名の特別養護老人ホーム）された。入所施設を基本とし，老人短期入所施設（定員20名）の併設，及び同年7月よりデイサービスセンターB型（1日定員15名）を開設している。平成12年4月の公的介護保険制度導入に伴い，高齢者総合福祉施設B苑と改称し，総合的な福祉事業を展開することとなった。

事業内容として，指定介護老人福祉施設（定員80名），短期入所生活介護事業所（定員20名），居宅支援事業所，訪問看護ステーション（2カ所），ホームヘルプステーションを設置。その他に，福祉用具貸与，デイサービスセンター（3カ所），訪問入浴サービス，痴呆対応型共同生活介護（2カ所），配食サービス，地域夜間入浴サービス，訪問介護2級養成講座（Z株式会社との提携）と，地域に幅広く事業展開をしている。

また2002年7月に「ISO9001」を取得。このISO9000シリーズ（International Organization for Standardization）は品質管理や品質保証のための国際規格でありそれをもとに，B苑における施設サービスの標準性を示し実施している。

2．施設利用者の実態

　入所状況（平成16年3月31日現在）としては，定員数74名中，男性14名，女性60名。平均年齢は83.1歳（男性78.3歳，女性85.0歳），最高年齢99歳，最少年齢61歳である。要介護状況は要介護1（1名），要介護2（9名），要介護3（21名），要介護4（18名），要介護5（25名）であり，平均介護度は3.77である。

　平均在所期間は男性3年7カ月18日，女性3年3カ月4日，平均3年4カ月となっている。また待機者の状況として常時300名ほどの待機者がいる。

Ⅵ．B苑次期入所者決定要綱

　B苑においては，厚生労働省による「施設入所に係る運営基準」に基づき，入所者決定要綱を取り決め，入所判断がなされている。その目的は，入所の必要性の高い入所希望者を優先的に入所させるという観点から，手続き及び決定方法を明確化することにより，入所決定過程の透明性，公平性を確保するとともに，入所の円滑な実施に資することである。これはB苑における施設運営の方針に反映されており，要綱に沿って入所に関する調整，協議，及び判断が成される。以下，その内容がどのようなものであるのか，まとめることとする。

1．施設入所決定の方法

　次期入所判定会議（B苑における施設入所判定会議を指す）の具体的な方針，内容，進行に関しては，以下に示す通りである。

A．次期入所判定会議は毎月1回開催され，緊急の場合必要に応じて招集することがある。
B．議事進行内容は，①施設入所現状確認，前回会議の報告，②次期入所待機者状況報告，③次期入所者決定に沿って協議がされている。
C．施設は，入所者の選考に関わる事務を処理するために合議制の会議（次期入所判定会議）を設置する。
D．会議は評価基準に基づき，入所の必要性の高い者の優先順位を決定し，優

先入所対象者名簿を作成する。
E. 評価項目は，①入所希望者の心身状況，②家族・介護者等の状況，③在宅生活の困難度の状況を評価し，全3項目に該当する者をAグループ，2つの項目に該当する者をBグループ，1つの項目に該当する者をCグループと分類し，Aグループから優先的に入所検討をする。

2．参加職員の構成―施設管理職員らによって構成されている―

次期入所判定会議に参加する施設職員の構成は次の通りであり，国が示す基準に基づいたものである。

施設長（1名），在宅部長（介護支援専門員，以下ケアマネジャーと述べる1名），施設部長（ケアマネジャー1名），介護主任（2名），看護主任（1名），ケアマネジャー（3名），短期入所介護相談員（1名），入所施設相談員（1名），第三者委員会（NPO法人Aより1名）。

このように，施設入所に関わる施設職員はB苑における，それぞれの部署において管理職という立場をとる職員らによって構成されており，彼らの協議によって施設入所の判断がなされているという実態である。

3．入所の必要性を評価する方法―優先入所基準―（表2-1参照）

次期入所判定会議における評価基準は，表2-1に示した内容である。これは岐阜県が用いている優先入所基準がベースとなっており，優先入所基準の該当項目に基づき介護の必要の程度や家族等の状況を評価し，次期入所の判定を行う。B苑では介護支援専門員の意見書を付加させる様式を導入している。また各項目の配点は示した通りである。

Ⅶ．調査結果

以下に調査結果を示すこととする。調査内容は，次期優先入所者としてリストアップされた要介護高齢者の，所在場所及び入所前の所在場所，そして入所判断の要因について分類，類型化したものである。

第2章　指定介護老人福祉施設における優先入所基準の現状と課題　19

表2-1　優先入所評価基準

氏　　　　　名	
介護保険被保険者証番号	

1．本人の状況

要介護度	要介護度　1（6点）・2（6点）・3（10点）・4（12点）・5（14点）
痴呆による不適応行動	非常に多い（12点）　　やや多い（8点）　　少しあり（4点）　　なし（0点）

2．在宅サービス限度額割合	80％以上（20点）　60％以上80％未満（20点）　40％以上60％未満（16点） 20％以上40％未満（8点）　20％未満（0点）
	（直近一月の利用単位数　　　単位）（区分支給限度基準単位数　　　単位）

3．主たる介護者・家族の状況

世帯状況	独居　　高齢者世帯　　その他
介護者の年齢・続柄	
在宅介護期間	年　（　　ヵ月）
介護者の介護負担	重い（6点）　やや重い（4点）　軽い（2点）　負担なし（0点）
介護者が障害や疾病	無（0点）　・有（　　　　　　　　　　　　）（6点）
介護者の就労	無（0点）　・有（職種等　　　　　　日／週，　　　時間／日）
他の要介護者	無　・有（　　要支援，　要介護　1・2・3・4・5　　）
介護者の育児，家族の病気	無（0点）　・有（　　　　　　　　　　　　　　）（6点）
介護者の介護の関わり方	介護拒否（6点）　非常に消極的（4点）　やや消極的（2点）　ふつう（0点）
他の同居介護補助者	無（6点）　・有（続柄　　　　　　　日／週程度）（4点）
別居血縁者介護協力	無（6点）　・有（続柄　　　　　　　日／週程度）（4点）
近隣者等の介護協力	ほとんどなし（6点）　　随時あり（4点）　　常時あり

4．介護支援専門員の意見

記載日　　　年　　　月　　　日　記載者氏名

1．施設入所待機者の多くは在宅にて生活をしている

　優先入所のリストに挙がった上位45名の要介護高齢者の生活所在場所について平成16年3月のデータをもとに集計した結果を示す。その内訳は以下の図の通りである（図2-1参照）。

　この図が示す通り，おおよそ7割にあたる31名の入所待機者は在宅生活を送っており，介護老人保健施設や，介護療養型医療施設や一般病院といった，

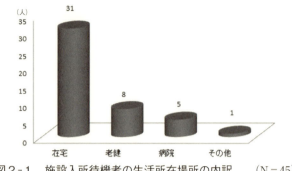

図2-1　施設入所待機者の生活所在場所の内訳　　（N=45）

入所（療養・医療）施設にはおおよそ3割にあたる13名である。またその他は1名であった。このように施設入所待機者の主な生活環境は在宅による生活である。

2．施設入所待機者の在宅生活の形態は家族との同居を中心としている

次に，その在宅で生活する施設入所待機者31名の家族形態を見ると，家族との同居が17名と最も多く，次いで高齢者世帯5名，日中独居4名，独居4名，及び不明1名であり，家族同居のケースが多いことを示している。また日中独居の状況にあるケースも家族との同居と考えると，その割合は一層高いものとなる（図2-2参照）。

このように施設入所待機者の生活状況は，家族と共に在宅で暮らすケースが多く，続いて入所施設における入所（療養）の状況にあるという実態を示す結果を得た。

3．入所に至った待機者は，在宅よりも入所施設に多数所在している

しかし実際の入所に至ったケースは前述した待機者状況と一転する。ここでは，平成15年度入所判定会議議事録に記載され，把握可能な入所待機者の情報をもとに，入所前の所在について集計した。その内訳は，在宅生活10名，介護老人保健施設8名，介護療養型医療施設3名，グループホーム1名，盲老

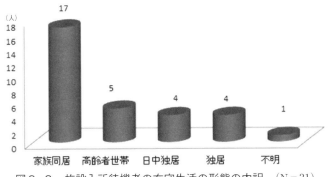

図2-2 施設入所待機者の在宅生活の形態の内訳 （N＝31）

人施設1名，合計23名という割合で構成されている。

ここで示された顕著な傾向として，優先入所希望待機者上位45名のおおよそ7割にあたる31名が在宅での生活が中心であったが，実際に施設入所に至った23名の内訳を見ると，在宅生活者が10名であり，介護老人保健施設や介護療養型医療施設，グループホーム，盲老人施設といった入所施設に身を置いている者が13名となっており，実際の施設入所に至った要介護高齢者所在地の割合が逆転している結果が示された（図2-3参照）。

4．家族介護の限界の長期化が他施設からの入所を促進している

なぜこのような状況が発生したのかという点について，在宅から入所するこ

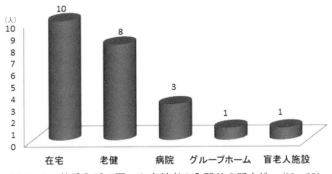

図2-3 施設入所に至った高齢者の入所前の所在地 （N＝23）

表2-2 在宅生活が困難な理由について　　　(N=10)

	在宅生活の継続が困難な理由
A氏	主たる介護者が就労により帰宅遅く，日中は隣町のA氏の妹が介護している。
B氏	主たる介護者の死去。長男も高齢なため，限界。介護には消極的である。
C氏	主たる介護者の病気。回復しても介護を続けることは難しい状況。
D氏	独居による在宅生活を送っているが，体調崩すと生活の継続は困難。介護者はD氏の姉で高齢。息子は週1回の訪問がやっとである。
E氏	E氏の妻も要介護状態。主たる介護者は就労のため在宅生活は困難と思われる。
F氏	同居していた兄弟の死去により独居。主たる介護者は介護に消極的。
G氏	夫も要介護状態。息子夫婦も共に持病有り。在宅生活の継続は困難な状況。
H氏	高齢のいとこが介護しているが介護負担が大きく今後の生活に不安を抱いている。
I氏	主たる介護者が高齢であり入院中。退院後も介護できないと思われる。
J氏	同居は夫と息子夫婦であるが息子夫婦共に日中就労。夫は高齢で持病あり介護に負担あり。

ととなった10名の施設入所待機者の介護状況を見ていると，「家族による介護を継続することの困難さ」が主な理由として挙げられている（表2-2参照）。個々のケースを見ていくと，介護者の不在，死去，高齢化，また介護に対する負担感，限界性を強く感じているといったことがその理由として顕著に見られる結果であった。

以上，B苑入所前の在宅で要介護高齢者がおかれている実態と他施設を利用している状況（社会的要因）について見てきた。以下，在宅生活を困難にさせている要因をさらに多角的にその実態を掴むため，「身体的側面」及び「精神的側面」からの視点で捉えることとした。

5．施設入所待機者の身体機能は重度化の傾向にある

B苑に入所となった23名の要介護状態を示すと，要介護度1（0人），要介護度2（1人），要介護度3（9人），要介護度4（10人），要介護度5（3人）という状況であり，要介護状態から見たとき，それは身体的なレベル低下が顕著に見られるという傾向を示すということである。以下その内訳を詳しく見てみると，図2-4のような状況である。

このように，介護状況を見ると，食事においては自立度の高い結果となった

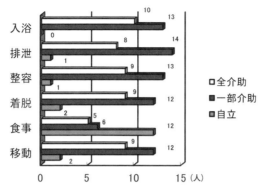
図2-4　施設入所に至った高齢者の日常生活動作の自立度内訳　（N＝23）

が，それ以外の生活（介助）行為においては，一部介助，及び全介助が高い数値を示していることから，日常生活において介護職員の援助を必要とする割合が非常に高い結果を得た。

6．施設入所待機者のほとんどは認知症の症状に伴う不適応行動がある

次に「精神的要因」として認知症の症状に伴う不適応行動の内訳を示すこととする。まずは，不適応行動の有無，特にその度合いを表2-3に示した。

この表からもわかるように，認知症の症状に伴う不適応行動を示すケースが出現頻度に差はあるものの，23ケース中20ケースという状況である。

その内容として，徘徊，幻聴，幻覚，暴力行為，不安症状，便所以外での排泄，睡眠障害，多動，火の不始末，興奮，状況誤認，等といった症状を示す。このような状態は身体的要因においても同様な結果が示されているが，何らかの援助がなくては生活を営むことが困難な実態を示している。このような状態では，いうまでもなく在宅での継続的な生活は困難であろう。

Ⅷ．施設入所に携わる施設管理職員へのアンケート結果

ここでは入所判断に際して毎月行われる次期入所判定会議に参加する施設長以外の施設管理職員11名からアンケート調査の回収をした。その結果から，

表2-3　不適応行動の有無について　(N=23)

非常に多い	やや多い	少しあり	な　し
6	7	7	3

どのような視点で施設入所を判断しているのか，集計結果を示す（複数回答）。

1．入所判定会議において主導権をもって運営する職種について（表2-4参照）

次期入所判定会議において主導権をもち運営にあたると考えられる職種は以下のとおりの結果である。

最も主導権を持つ職種として，「ケアマネジャー」が9件（内，在宅部長と言及した件数は3件，施設部長と言及した件数は4件，特に言及なしが2件）であった。その理由として，待機者の細かい情報を持っており，その状況をよく理解しているというものであった。在宅部長においては在宅生活で困っているケースの代弁，緊急性の高いケースを受け持っている，ケースに関わりを持っているという回答であった。施設部長においては，現場の受け入れ状況を把握しておりそれをもとに発言している，介護計画作成担当者として情報の分析や判断が求められるため，また勤務年数の長さを理由に挙げている。

続いて，「看護主任」の8件であった。その理由として，医療的な対応が求められるケースの場合，受け入れ可能か不可能かの判断を専門的に行う立場にある職種であることから発言権が強く，また看護師としての医療的なアドバイスが重要であることが理由として挙げられている。また看護師の人員不足により受け入れができない状況があることを指摘する回答もあった。

次に「介護主任」の6件であった。その理由として，現場での受け入れ，介護サービスの提供が可能か不可能かの判断をする職種であり，また具体的にケースの状況を把握していることが理由として挙げられている。

そして「施設長」の3件であった。その理由として，トップの判断が最優先される，施設長のもつ判断基準によって大きく影響されるといった理由であり，また金銭的に困っているケースへの受け入れ等の指示がされるためという

第 2 章 指定介護老人福祉施設における優先入所基準の現状と課題　25

表 2-4　次期入所判定会議において主導権をとる職種とその理由について

	職　種	理　由
施設管理職員 A	看護主任	人員不足のため医療行為があると要検討となるため
	介護主任	現場で受け入れ可能か判断するため
施設管理職員 B	介護支援専門員	困難事例を含め待機者の各ケースの細かい情報収集，分析ができるから
	看護主任	待機者のケース検討において生じる医療への問題を専門的にアドバイスしてくれるから
	生活相談員	入所相談を一手に引き受けているため家族の状況，経済状況の把握をしているため，緊急度を色々な角度から分析できるから
施設管理職員 C	看護主任	医療的立場からのアドバイスが重要と思われる
	施設長	施設長の入所判断基準に大きく影響されると思われる
	介護支援専門員（施設部長）	現場の受け入れ状況を把握しているため
施設管理職員 D	介護支援専門員（施設部長）	介護計画作成担当者として総合的に情報の分析，判断をする必要性のある職種のため
	介護主任	施設で介護の提供が可能かどうか判断できる職種
	看護主任	医療的管理の必要度を判断し入所可能かを判断する職種
施設管理職員 E	介護主任	現場の状況で介護が難しいケースがあるため
	看護主任	病気，症状で受け入れ不可能な場合がある
施設管理職員 F	介護支援専門員（在宅部長）	在宅生活で困っているケースの代弁
	介護支援専門員（施設部長）	受け入れる側として状況，受け入れ体制等把握して発言
	施設長	金銭的に困っている人への受け入れ等の指示
施設管理職員 G	介護支援専門員	入所希望者の情報を一番握っている
	介護主任	待機者の施設での利用状況を具体的に把握しているから
	看護主任	医療的な事が含まれると看護師の発言権が強い
施設管理職員 H	施設長	トップの判断が最優先
	介護支援専門員（在宅部長）	緊急性の高い利用者を受け持っており状況も十分に把握している
施設管理職員 I	介護主任	対応困難ケースの受け入れの可，不可の判断をしてくれる
	看護主任	医療的な対応の受け入れの可，不可の判断をしてくれる
施設管理職員 J	介護主任	現場での対応の判断をする立場であるから
	看護主任	医療面での対応を判断する立場であるから
	生活相談員	在宅生活での継続が困難である情報を持っており，緊急性の高い利用者を会議に挙げてくるのは生活相談員であるから
第三者評価員 K	介護支援専門員（在宅部長）	利用者の状況をよく理解しており関わりも持っているため
	介護支援専門員（施設部長）	利用者の状況をよく理解している。情報も持っている。勤めて長い

回答であった。

　最後に「生活相談員」の2件であった。その理由として，入所相談を一手に引き受けていることから，緊急度を様々な角度から分析しているため。また会議へ緊急性の高いケースを挙げてくるからであるという回答を得た。
　このように，入所判定時において，その判断が委ねられる職種として「ケアマネジャー」，「介護主任」，「看護主任」を中心として施設入所が可能か否かの判断が成されているようである。

2．入所困難と判断したケースの特性について（表2-5参照）

　入所が困難と判断されたケースの特徴については以下の通りである。
　まず，「医療的な行為，処置，頻度の高いケース」が挙げられている（10件）。その中でも褥瘡，胃ろう，バルン，インシュリン，吸引が必要なケースへの対応を躊躇しているようである。その理由として，施設においては職員体制，マンパワーの不足，といった施設側の対応が困難であること，そして本人にとって，医療頻度が高いということは施設での生活がふさわしいとは考えられない，といった理由を同時に挙げている。
　続いて，「痴呆症状が強くそれに伴う，暴言，暴力，帰宅願望，他者に迷惑をかけるような行為，問題行動が顕著に見られるケース」が挙げられている（7件）。痴呆症状が介護現場での介護力の限界，また受け入れの設備，職員体制が整っておらず，対応が困難であるということ，また他の利用者へ危害が及ぶことを危惧しているという理由が挙げられている。
　また，「他者とのトラブルが高いケース」が挙げられている（3件）。他の利用者に不安を感じさせてしまうものや，すでに施設利用者のトラブルが多いため，入所を回避したいという理由が挙げられている。
　続いて「家族の協力が得られない，家族間で入所に対する統一した見解がないケース」が挙げられている（2件）。身元保証が不安なケースはトラブルを発生させてしまう可能性が高いからというものや，主たる介護者の介護負担が把握できていないということである。

表2-5　次期入所判定会議において入所が困難と協議されたケースの特徴と理由について

	ケースの特徴	理　　由
施設管理職員A	怪我の可能性が高いケース	現在の入所者，ショート利用者は転倒する可能性の高い方が多いため
	他者とのトラブルが高いケース	現在の入所者，ショート利用者は他者とのトラブルが高い方が多いため
	医療行為が必要なケース	看護師が足りないという理由でバルン，胃ろうの入っている方。異物が体内に入っているため体調を崩し病院にかかることが多いのも理由
施設管理職員B	癌末期患者で腹水，肉体的苦痛の症状が出現し医療が必要であった	痛み止め，腹水の処置，急変時の対応を考えると病院の方がふさわしいと考えたから
	老人保健施設に入所されていた方で夜間痙攣があり発作をおさえる注射をうっている方	夜間，医師はもちろん看護師もいないため，痙攣発作時の対応ができないため
	インシュリン投与のある方	夜間は看護師が常駐していないためインシュリン投与ができない。そのため特に朝食に間に合うインシュリンを投与できる職員体制ができていないため
施設管理職員C	痴呆症状進行，自宅に閉じこもりがちな生活。ヘルパーのサービス受け入れも出来ず近くに住む息子の負担あり	食事摂取にムラがあり，体調変化が激しい
	娘と二人暮らしの世帯。痴呆症状，精神症状も悪化。娘の精神的ストレスも大である	精神症状が悪化しており精神科受診にて安定を図ってから検討
施設管理職員D	医療的管理の必要度が高い方	特養での看護スタッフ，医療体制のぜい弱さ
	痴呆による激しい問題行動がある方	マンパワーの限度を超える対応が必要となる。事故のリスク
	家族の協力が得られにくい方	身元保証が不安。トラブル発生のリスク大
施設管理職員E	痴呆による問題行動が激しい（徘徊，暴力）	介護現場の介護力を超えているケースが多い。他の入所者に暴力がでる
	褥瘡がひどく，食事摂取量が低下している	生活施設であるため，入所してもらっても本人の改善につながるケアが十分にできない
	医療施設に入った方がよい様な医療処置の多い方	生活施設であるため，入所してもらっても本人の改善につながるケアが十分にできない
施設管理職員F	医療行為（吸引，褥瘡等）のある利用者	夜間の吸引が必要。褥瘡悪化で処置に時間がかかるなど看護師の負担が大きい
	家族間で入所について統一されていないケース	主たる介護者の介護負担が分からない
	金銭面で負担困難なケース	どれほどかかるか分からず不安をもっている
施設管理職員G	本人が利用を拒否しているケース	本人の意志を尊重することが大切である。帰宅願望によるエスケイプがあってもいけない
	医療的な処置の多い（褥瘡のひどい）ケース	処置が施設の体制では不可能なため
	痴呆症状の重い方で帰宅願望が顕著に見られるケース	受け入れるための環境設備が整っていないから
施設管理員H	利用者本人が入所に対して納得されていない場合	そのままで入所すると帰宅願望などが出現してしまう恐れがある
	他の利用者に多大な迷惑を与える場合	利用者同士のトラブルは他の方々に不安を感じさせてしまう
施設管理員I	医療行為（インシュリン，胃ろう，バルン）	対応が困難であるため（安定していれば受け入れも可能であるが）
	迷惑行為	他の利用者に関わってくることだから
施設管理員J	医療依存度の高いケース	対応できる医療行為が限られているため，即時的な対応が困難である
	他の利用者への影響を与えるケース	暴言，暴力，不穏によって他利用者へ危害を与えてしまうから
三者評価K	暴力，暴言，夜間不眠のケース	4人部屋では対応困難である。夜間の対応が困難である

次に「本人が入所を拒否及び納得していないケース」が挙げられている（2件）。本人の意志を尊重することが大切であり，納得しない状況であると帰宅願望の出現やエスケイプの危険性が考えられる，ということであった。

他には「怪我の可能性の高いケース」が挙げられている（1件）。現在の利用者が怪我をすることが多い，ということであった。

最後に「金銭面で負担困難なケース」が挙げられている（1件）。利用料がどれだけかかるか不安である，という理由が挙げられている。

以上のようなケースに対して，次期入所判定会議では協議を要しているという結果であった。その中でも特に際だっている理由として「医療行為の頻度が高いケース」と「痴呆症状による対応困難なケース」であることが結果として得られた。

3．優先入所となった利用者への介護サービス提供時に必要と考える情報について（表2‐6参照）

集計結果として，様々な情報の必要性が挙げられた。そのため，その内訳を大きく分類すると，「本人に関わる情報」「家族との関係についての情報」「その他」に分けることができる。

まず，その中でも「本人に関わる情報」として「医療を必要とする頻度，健康面，既往歴」が挙げられている。その理由として生命に関わる情報である，介護，看護上必要な基本事項である等，との回答であった。

また「ADL，IADL情報の必要性」が挙げられ，その理由として，日常生活での援助に必要な情報であるとの回答である。

次に「痴呆症状，精神面に関する情報の必要性」については，きちんとした痴呆の診断がないとお互いの関わりが難しくなる，転倒，骨折，異食等の危険因子を回避したい，また利用者同士の相性を見る上において必要であるという回答であった。

次に「生活習慣，生活状況，生活歴，本人の意向，性格に関する情報の必要性」については，生活の継続性に考慮，利用者の姿が見えてくる，性格につい

表2-6 優先入所となった利用者への介護サービス提供時，必要と考える情報について

	必要な情報	理　由
施設管理職員A	自宅での生活パターンと部屋の見取り図	可能な限り在宅でのケアを中心に考えたいから
	性格（できるだけ詳しく）	情報の中に書いてあるが「怒りっぽい」とあってもどの程度かわからないため
	既往歴（病歴）	はるか昔の既往歴について書かれていないことによって問題があったため
施設管理職員B	医療をどの程度必要とするかという情報	利用者の生命に関わる重要な情報だから
	痴呆症状のある場合どういった問題行動が考えられるかという情報	転倒や骨折，異食，皮膚剥離など危険因子を回避したいため
	経済的に困難な場合所得がどれくらいか，支援が頼める家族はいるのか制度活用ができるかという情報	生活を維持するためには安定した収入も必要である。一時的でなく長期に安定した生活を送っていただくため契約を行い経済的課題は解決しておく
施設管理職員C	医療情報	施設は生活施設のため医療面は十分でない。そのため受け入れにも制限される施設が多い。（留置カテーテルやインシュリン注射等）
	ADL情報	日常生活，入浴や排泄，衣服の着替え等が自力でどれだけ行えるのか，介助の部分はどこかを把握
	IADL情報	考えて行動することがどの程度出来るかを，知ることによって生活支援の方法を検討できる
施設管理職員D	本人，家族の意向	施設での生活のあり方を決める基本的な事柄なので
	医療情報，ADL	介護，看護の方法を決めるために必要な基本事項
	家族関係，緊急時の連絡先	入所後の家族との関わりが必要なため
施設管理職員E	本人の状況	入所後スムーズにケアの提供ができるようにするため
	家族の状況（どんな家族関係で生きてこられたか）	入所後スムーズにケアの提供ができるようにするため
	経済状況（誰が実権をにぎっているか。ゆとりの有無）	入所後の生活で利用料が払えるか。本人の生活をより快適にするための物品が購入できるかを把握したい
施設管理職員F	施設の情報	どんなところなのか知りたい
	施設での生活の情報	どのように生活するのか知りたい
	施設利用時の持ち物	何を持って行ったらよいか，必要か知りたい
施設管理職員G	健康状況	介護，看護的な対応上必要である
	生活状況	直接介護をする上で参考にして介護を行うため
	身元引受人の情報	急変時，死亡時こちらで対応できないこと，経済的部分のことで問題が発生したとき身元引受人が必要となるから
施設管理職員H	介護支援専門員意見書	入所決定となる迄の情報収集に活用
	ご本人の状況	入所になって実際の様子を元にサービス内容を調整
施設管理職員I	医療情報	対応時に必要である。予測が立てられるため
	精神的な情報	利用者同士の相性を見る上で必要
	生活歴	話しかける時の話題から利用者の姿が見えてくるから
	家族関係	家族関係のわだかまりのあるケースがあるため把握が必要
施設管理職員J	生活習慣	生活の継続性を考え対応がとれればよい。個別性につながっていく
	家族のプロフィール	家族の協力が欠かせない。その連携がターミナルケア時に必要となるため
	痴呆症状の診断	きちんとした痴呆症状の診断がないと，お互いの関わりが難しくなってしまうため。また症状への家族の理解も必要であるため
三者評員K	無回答	無回答

てその程度を知る上で具体的な情報が欲しい，施設生活のあり方を決める基本的な事柄であるためという回答であった。

次に「自宅での生活パターンといった情報」についてはその理由として，可能な限り在宅でのケアを中心に考えたいという回答であった。

続いて「家族との関係に関わる情報」として，身元引受人，家族の意向，家族プロフィールなどが挙げられている。理由として，家族との関係抜きによいケアは提供できない，身元引受人がはっきりしないことで起きる問題（急変時，死亡時，経済面）への対応が必要である，といった内容である。

最後に「その他必要な情報」として，自宅の部屋の見取り図，介護支援専門員の意見書，経済状況，施設の情報，施設生活，施設利用時の持ち物といった情報が必要であると考えている結果であった。

このような結果から施設入所後にサービスを提供する上で，本人（特に身体，精神，生活状況に関する情報），家族との関係に関する情報を必要としており，そのことが円滑な介護サービス提供につながると考えているようである。

Ⅸ．考　察

1．優先入所に至った高齢者の特徴

入所を希望する主な理由として身体的側面においてはその重度化が顕著であり，精神的側面においては，認知症状による不適応行動が際だっており，意思疎通が困難な状態である。また社会（家族）的側面においては，家族による介護の継続が困難な状況が顕著に示される傾向であった。そして，そのような状況は，個々それぞれのケースにおいて重層的であり，複雑化しているといえるであろう。

そのような状況に置かれた要介護高齢者は，優先入所基準を基準としつつ，施設管理職員らの合意のもとに施設入所となった。しかし在宅で介護している家族の入所希望意向の強いケースが優先入所の候補として挙がっていながら，実際は他の施設利用をしている者の入所割合が高いという状況があった。このことは，在宅介護の困難さから，すでに他施設の利用がされており，その経過

第2章 指定介護老人福祉施設における優先入所基準の現状と課題　31

も優先的な入所判断の大きな一因となっていることを知るものであろう。

2．優先入所に伴う介護体制の見直しの必要性

　しかし，アンケート結果でも示されたように，「医療的措置の頻度が高いケース」，及び「痴呆症状が顕著に見られるケース」においては協議を要し，入所が回避される実態がある。その判断はケアマネジャー，介護主任，看護主任の立場からの発言によって左右される傾向にあるようだ。立場の異なる3種の管理職員が施設入所の判断において主導権を持つことの意味を考えると，在宅の状況をよくわかっているもの（ケアマネジャー），それはなんらかの医療的処置が必要であること（看護主任），そして実際の施設生活の場面で，特に認知症状の状態をふまえ，対応できるか否か（介護主任）が検討されている様子が見てとれる。

　このことから入所に至るケース，また入所を回避するケースにおいて，それぞれの理由を加味しつつ，実際の施設生活にかかわる医療の必要性と施設における日常生活に具体的に対応しなくてはならない状況を想定した議論と判断がなされているものと考えられる。また，その判断において，なるべく職員らの介護の負担が大きくならないことを意識しているようでもある。その理由として，施設においては職員体制，マンパワーの不足等の，構造的な課題があるようである。これほど重度化するケースばかりの受け入れを想定した国の施設設置基準には至っていないことが，根本的な課題として存在しているのではないだろうか。このように入居者の重度化という課題は，施設における介護サービス提供において，職員配置のあり方，介護体制の見直し，また重度化に対応する介護方法の検討の必要性を含んだものであるといえよう。

　しかし，そもそも施設という場を重度化するケースだけの受け皿として機能させていくことはいかがなものであろうか。様々な理由や状況・状態といった多様な人たちの生活の場として機能すべき側面もあるのではないか。それを介護の必要度のみで政策を押し通す論理は現場を困惑させる要因となるであろう。また重度化したケースのみの受け入れは，施設という場が入居者にとって

「生活の場」から，より管理的な支援を必要とする「療養の場」へと質的な変容が進むことを同時に意味するものであろう。

3．入所判定時には入居者理解が深まる情報収集が必要

しかし現実問題として，優先入所基準をもとに，施設入所は行われている。そう考えると施設入所に至った要介護高齢者へ，個人に合わせた介護サービスの提供という課題も考えなくてはならないであろう。今回の調査において示された結果は，入所に至ったケースにおいては，入所判定会議の場において入所のいきさつ，介護を必要とする生活状況と，その経緯についての情報は提示され「なぜ，介護が必要であるのか」ということについては明らかにされ共通認識を得る議論が成されていた。

しかし入所に際して「どのような介護が必要か」ということを考える上で，必要とされる入居者情報において「入居者がどのような生き方をしてきたのか」という「生活史」に関する情報についての認識は見られず，その部分への共通認識が得られにくいという実態があるということである。

個人に合わせた介護サービスの提供と合わせて，より深い入居者理解を実現する一要素として「生活史」に関する情報の収集と蓄積及び，活用を挙げることができる。措置制度下において生活史を重んじる実践はすでに成されていた。しかし優先入所基準によって，施設入居者の重度化，意思疎通の困難さが際だってくるであろう，今後の入居者の特性や取り巻く環境等を考えると，そのような情報の収集が困難な状況が一般化してくるであろう。そこで，施設入所時において「介護が必要となった理由」に関する情報と同様に「生活史」に関する情報の収集及び提示が，必要となるのではなかろうか。何故なら介護職員は，生活史から得た情報を通じて，介護サービス提供の際の判断材料とし，入居者理解及び生活の継続性を吟味することができるからである。しかし，そのような情報をいつ，どこで，どのように，誰から収集するのかは大きな課題であるといえよう。

また「生活史」とは個別性の高い，多様性に富んだものであるという特性か

らも，そのことに注目しなければならない。しかし，記録としての特性及び，その活用という観点からすると，ある一定の統一された形での情報収集が求められる。いわば，標準性をもった様式と内容の吟味の必要性があるといえるであろう。さらに言えば生活史に関する情報が一目で把握できるアセスメントシートの開発が求められるであろう。

　先にも触れたように施設が，より管理的な療養の場へと変容にしていく中において，入居者を介護の対象としてだけでなく，ひとりの個別な歴史を持った，尊厳のある人として認識することは欠けてはならない重要な事柄である。さもなくば，人としてのまなざしを欠き，介護の対象としてのみ施設で暮らす入居者を認識してしまう状況を生み出してしまう危険性があるといえる。

4．矛盾した論理構成によって施設への優先入所が行われている

　そして，すでに触れてきたような入所待機者の状況及び，施設管理職員へのアンケートで示された結果からも窺い知ることができるように，施設入所は優先性をもった入居者が全て施設に受け入れられていないという実態を示している。これは，優先性をいくら吟味しても現行の指定介護老人福祉施設の持つ機能では受け入れられにくいケースが多く，きわめて限定的な入所状況であるといえる。

　それは，介護保険制度でうたわれている「自由なサービスの選択制」という理念から乖離した状況が存在していることを示している。言うならば，介護保険制度自体から逆行した基準をもとにした入所判断が介護保険制度下で行われているという矛盾した論理構成の上に，現在の指定介護老人福祉施設は位置づけられているからであろう。それは，優先入所基準とは何かという問いと同時に介護保険制度自体のあり方への課題をも投げ掛けているといえよう。このようなことが今後，どのような状況へと展開していくのか，見ていかなくてはならないのではないか。

Ⅹ．研究の限界

今回の研究においてはB苑という1施設の入所の現状把握にとどまったものとなった。その意味では限定的なものであり，今後の課題としては，いくつかの施設との比較検証が必要と考える。また，優先入所判断基準の構造的把握と点数化された結果だけでは判断できないケースを検証することにより施設入所の実態をより具体的に把握できるものと考える。

【参考文献】

愛知県『あいち福祉21世紀ビジョン　第2期実施計画』2003
淺野仁・田中荘司編『日本の施設ケア』中央法規　1993
小笠原裕次・蛯江紀雄編『ロングタームケア』中央法規　1994
小澤勲『痴呆を生きるということ』岩波新書　2003
介護保険情報「介護保険見直しへの提言」社会保険事務所　2002　pp.28-30
木下康仁『老人ケアの人間学』医学書院　1993
敬愛園広報委員会編『百年も生ぎでるどわがるもんだ』筒井書房　1985
ケン・プラマー著，原田勝弘・川合隆男・下田平裕身監訳『生活記録の社会学―方法としての生活史研究案内―』光生館　1991
小山秀夫『高齢者ケアのマネジメント論』厚生科学研究所　1997
長嶋紀一他編著『施設介護の実践とその評価』ワールドプランニング　1998
広井良典『ケア学―越境するケア―』医学書院　2000
松平誠・中嶋邦編『生活史』光生館　1993
三好禎之「指定介護老人福祉施設における介護職員の入所者情報の共有化に関する現状と課題―B施設の調査を通して―」『名古屋柳城短期大学研究紀要』第24号　2002
ゆたかなくらし『東京都の特別養護老人ホームにおける優先入所に関するガイドラインについて』本の泉社　2003　pp.14-17
老人福祉関係法令研究会『平成14年度版老人福祉関係法令通知集』第一法規　2002

第 3 章

指定介護老人福祉施設における認知症高齢者の行動特性からみた施設生活の実態

Ⅰ．研究の目的

　先の章において見たように，優先入所基準において入所希望者の心身状況として要介護度及び認知症状の程度をふまえることが判定の評価項目として示されていることから，今日の施設においては，身体機能の著しい低下及び認知症状を呈した高齢者の受け入れがなされていると認識できる。このようなことから，それら重度化する入居者の個別性に配慮した生活のあり方及び介護方法（体制）の検討は避けることのできない課題となる。

　ここでは，重度化する入居者の中でも，施設職員らが対応に苦慮すると考えられる認知症（周辺症状）を呈する者，それも優先入所基準により入所に至ったケースに着目し，日中における行動特性と，その行為が展開されている場（生活空間）を継続的に観測することで，認知症高齢者の施設生活を構成する要素を明らかにすることを目的とする。そして，その実態をふまえ，施設に求められる課題を提起するものである。

Ⅱ．研究方法

1．用語の定義

　本研究で用いる用語について以下のように定義する。

（1） 施設生活
行動特性の反映された施設における時間の過ごし方を施設生活と位置づける。

（2） 日中
介護職員の人員配置が最も多く，活動の基盤となる援助体制の確立（業務編成）が定型化された形で実施されていることから，それは施設介護のスタンダードであると認識できるため，行動観察の時間帯を 9：00〜17：00 までと設定し，日中と位置づけた。

（3） 生活空間
入居者の施設生活が営まれる場を生活空間と位置づけ，本研究においては10 カ所の場を設定した。

（4） 行動比率
コード表に示した認知症高齢者の施設生活において，それぞれの行動が占める時間をパーセント表示で示したものである。

（5） 居住比率
コード表に示した認知症高齢者のそれぞれの生活空間に所在する時間をパーセント表示で示したものである。

2．調査対象について
（1） 調査施設の選定
施設長をはじめ，施設管理職者，施設現場職員らより，調査趣旨の理解が得られていること，また措置制度時からの施設として，経験及び実績の蓄積が十分であると考えた。また，時間軸による介護体制がとられており，これは他の多くの施設の介護体制に共通するものであることから，調査結果に顕著なバイ

アスがかかる危険性を回避できると考えたためである。

(2) 調査施設の概要

2章において調査対象としたのが同施設であるため，詳細は先の章に委ねる。

(3) 入居者の状況

要介護度別にみた入居者の状況は，要介護1（1名），要介護2（10名），要介護3（21名），要介護4（27名），要介護5（20名）であり，平均要介護度は3.65である。また最少年齢は62歳，最高年齢は101歳（平均年齢85歳）である（平成18年3月現在）。

(4) ケア体制
1）施設職員の配置

施設長1名，事務員7名，栄養士1名，生活相談員1名，介護支援専門員1名，看護師4名，看護助手3名，介護職員36名の配置がされている。

2）介護職員の勤務体制

早番7：00～16：00，遅番10：30～19：30・11：00～20：00，夜勤16：30～翌10：30，パート勤9：00～16：00・8：00～17：00・17：30～20：00，と常勤者は3交代制をとっており，他にパート勤務が3体制存在する。それぞれは，時間軸に基づき，定型化された分業制による業務内容が編成されており，各々にこなすべき役割が明確化されている。言い換えるなら多様な業務内容をそれぞれが適切に行うことで，入居者に必要な日常生活場面におけるケアサービスの提供に努めている。

3）生活環境

B施設の生活環境であるが，2階建て，4人部屋を中心とした多床型（いわゆる従来型）の設計となっている。主に調査箇所となった1階は，東西に居室が並び，また廊下をはさんだ状態で，南北それぞれに居室が配置されており，

たて長の施設設計となっている。そのため，動線が長くならざるを得ない構造である。また，全居室の中央にパブリックスペースとしてのホールが設置され，日中は入居者のほとんどが集まっており，生活及び必要な援助がなされている。

（5） 調査対象者の選定

対象者選定については以下のとおりである。

まず1点目に，本調査では5名の認知症高齢者を選定した。理由として，本調査は7日間という長期にわたるものであり，調査員が長期に滞在しても，調査対象者及び他の入居者の生活に弊害を与えずに済むであろう調査員の人数配置であると想定したためである。

2点目は，調査対象者の特徴として，他者とのかかわりの中でトラブルが頻繁にみられる入居者を施設に依頼し，ピックアップしてもらった（本研究ではその内容については言及しない）。5名の入所時期の内訳は，優先入所基準以降3名，介護保険制度導入以降1名，措置制度時1名である。そのうち本研究では重症化の傾向が見られるであろう優先入所基準以降，入所に至った3名の対象者に限定することとした。

（6） 調査対象者3名の概要

以下，本調査で対象となった3名の概要にふれることとする。

1）A氏　78歳　女性

① 身体機能及び精神機能

要介護3，障害老人の日常生活自立度（寝たきり度）判定基準ランクA2，認知症（痴呆）老人の日常生活自立度判定基準ランクⅢb

② 入所までの経緯

G県の宮大工の家に生まれる。8人姉妹の6番目。高等科卒業後，軍需工場で事務員として働く。従姉妹の主人と19歳で結婚。家業の農業は手伝わず主婦業をこなす。舅が亡くなったことを機に農業に関わる。性格的に気が強く，

人との交流を好まず老人会などにも参加せず。長男夫婦と同居していたが，認知症状が顕著となり，また下肢筋力の低下も相まって家に閉じこもりがちとなる。介護者の身体的・精神的負担が強くデイサービス，ショートステイを利用し，介護負担軽減に努めるも，介護疲れで体調を崩してしまい，入所となる。

③ 入所後の経過

併設のデイサービスセンターを利用していたことから入所後も日中，そこで過ごすことを好んでいた。また入所当時，職員の介助に対する拒否が強くみられ，現在も時折そのような拒否がみられることもある。また，夜間覚醒状態顕著であり，夜間にホールのソファーに腰掛けて過ごしていることが多くみられる。最近痩せてきたため，食事量の確保に向けたケア方針が挙げられている。また，歩行機能の低下が進み，介護職員の手びき歩行による移動が多くなっている。他の入居者とのトラブルが絶えない状態でもある。

2）B氏　80歳　女性

① 身体機能及び精神機能

要介護3，障害老人の日常生活自立度（寝たきり度）判定基準ランクA2，認知症（痴呆）老人の日常生活自立度判定基準ランクⅢa

② 入所までの経緯

A県C市に生まれる。先天性の知的障害がある（軽度）。B氏は10代の頃に両親を亡くしている。その後，間もなく結婚。子どもはない。綿布工場などで働いており，夫と共働きの生活を送っていた。性格はきつかったようである。平成15年に夫を亡くし，独居となる。すでに認知症状がみられ，生活困難により，同年，養護老人ホームのショートステイを利用するが，夜間同室者をトイレで起こしたり，失禁がみられたりと，夜間の見守りが必要と判断され，介護老人保健施設を経て，その後入所に至る。

③ 入所後の経過

入所当時から現在まで，職員の介助に対する拒否が強く，気に入らないと大声を上げ，職員に手を上げるといった暴力行為がみられる。また，一所にじっとしていることができず，徘徊がみられる。その際，以前から歩行器を使用し

ていたが，現在歩行器がないと歩行不安定であり，転倒の危険性が高くなっている。夜間帯は比較的良眠している。

3）C氏　84歳　女性
① 身体機能及び精神機能
要介護4，障害老人の日常生活自立度（寝たきり度）判定基準ランクA2，認知症（痴呆）老人の日常生活自立度判定基準ランクⅢa

② 入所までの経緯
B県に生まれる。実家は竹細工を営んでいた。終戦後，結婚し，A県C市に住み，農業をしながら4人の子供を育てる。平成8年頃より信号無視，他家屋へ入り込むなどの行為がみられ，平成13年，アルツハイマー病と診断。平成14年頃より自宅での生活が困難となり，娘と同居。平成16年に転倒打撲し，歩行困難となる。デイサービス，ショートステイを限度額まで使っていたが放尿，怒り，徘徊がひどくなり入所となる。

③ 入所後の経過
入所当時，放尿行為，徘徊等の周辺症状が顕著にみられ，不安定な状態であった。夜間帯においても同様の行為がみられ，また不眠状態が何日も続くといった生活であった。現在は入所当時に比べると落ち着いた状態を保っているが，入浴に対して拒否が強く，暴れる等の様子がみられる。また，歩行機能低下が顕著にみられ，本人も膝の痛みを強く訴える。歩行には手びき介助を必要としている。「どうしたらええ」という不安症状を訴える際は排泄（尿）の訴えであるということから，その都度職員が誘導を行っているようである。夫は2日に1度面会に来ている。

3．調査までの手続き
（1）調査項目の設定
認知症高齢者の行動特性及び生活空間の把握のために，調査項目を示したコード表を作成した。コード表は，①行動特性，②かかわり，③生活空間の3つのカテゴリーで構成した。

行動特性については22項目を設定した。うち，その状況を詳細に把握するための小項目44を設定し，計66項目にわたるものとなった。また生活空間は10項目を設定した。

コード表の作成には，事前に特定施設入居者生活介護事業所に入所している認知症高齢者を対象としたプレ調査を実施し，その結果をふまえ，コード表の整合性を確かめ，改善したものを本調査において使用した。

（2） 調査員との共通認識

調査趣旨の理解及び共通認識を得るため，平成18年7月25日に調査企画書を用い，説明した。また，調査時に使用するコード表，調査用紙の記入方法について説明し，理解を得た。また調査前日に同様の説明を行い，調査当日にも，調査対象者の基礎資料をもとに状態把握のための時間をもち，調査方法の共通認識を持つよう努めた。

（3） 調査施設への依頼

平成18年8月4日に直接B施設を訪問し，施設部統括責任者に調査趣旨及び調査方法の説明，調査対象者の選定の依頼を行った。その際施設側より，調査時の注意事項等，具体的な説明を受け了解した。

（4） 調査時の配慮

調査対象者のプライバシー保護の観点から，それらに該当すると考えられる居室内，排泄場面（トイレ），入浴場へは立ち入らないこととした。また調査員が調査時，もしくは基礎資料等から知り得た個人情報の他言はもちろんのこと，資料の慎重な取り扱い，守秘義務を厳守するよう徹底した。

（5） 調査期間設定の理由

本調査は7日間（月曜日〜日曜日）の設定であるが，その理由として，そのような継続的な調査研究が見当たらなかったこと，そして7日間を通して利用

者の状態変化，個別性を把握できると考えたからである．
　また調査時間を日中（9：00～17：00）に設定した理由として，その間が最もケアスタッフの配置が充実した時間帯であり，このような編成は施設ケアが日中を中心にした論理構成に立っていることを示しており，そのような時間帯の中で対象者の行動特性（生活のあり方）を捉えたいと考えたからである．

4．調査方法

　B施設に入所して認知症（周辺症状）を呈しており，また他者とのトラブルが頻繁にみられる入所者A氏，B氏，C氏，D氏，E氏，の計5名を対象とし，それぞれ1名ずつに2名の調査員（計10名の調査員）をあて，1時間ごとに交代で，①行動観察，②他者とのかかわりの状況，③生活空間の把握，をコード表をもとに記録用紙に記入した．その方法として1分毎の行動特性をタイムスタディ法によって捉えた．またその際の細かい行動特性（観察結果）を詳細欄に記載した．観察項目（コード）は1分間中，30秒以上であれば1分とカウントし，それに満たない29秒未満であればその行為をカウントしないこととした．また，対象者が何らかのトラブルを起こしたり，巻き込まれた場合，その状況をテープレコーダーで記録し，別途用紙にその状況（場面）を記載した（本研究では，他者とのかかわりの状況及びトラブルに関する場面の把握についてはふれない）．よって1名あたり56時間（3,360分）のデータ収集に至った．またB施設は2階建てであるが，2階は主に身体機能の低下が顕著な入居者の居住空間となっており，1階では認知症のみられる入居者の居住空間となっていることから，1階が主な調査場所となった．

5．データ分析の方法

　調査用紙に記載され，得た項目別の結果について単純集計を行った．行動特性における集計は，対象者3名それぞれについて，一日ごとの集計結果を算出し，行動比率を示した．また，3名それぞれについて，各項目の合計時間（7日間分）の集計結果を算出し，行動比率を示した．生活空間についての集計も

同様の方法をとったが，本研究では7日間分をまとめた結果を示した。なお，比率は居住比率として示した。分析にはExcelを用いた。

6．調査期間

平成18年8月21日～8月27日までの1週間とし，9：00～17：00までの8時間とした。

Ⅲ．調査結果

以下，3名の調査対象者の7日間の行動特性及び生活空間についての集計結果を示す。

1．A氏の7日間の行動特性集計結果（表3-1.1参照）

A氏の行動特性の特徴として，「ぼんやり」とした状態が顕著であることが確認できる。それも，7日間を通して確認することができる（座位，立位状態を合わせると1,807分，行動比率53.8％）。次いで「テレビ視聴（244分，行動比率7.3％）」，「食事（240分，行動比率7.1％）」，「うとうと（235分，行動比率7.0％）」，「コミュニケーション（144分，行動比率4.3％）」などの行動の順となっている。この結果から，A氏の生活は「ぼんやり」と過ごす時間が他の行動より突出しているという傾向を示している。

2．A氏の7日間の生活空間集計結果（表3-1.2参照）

A氏の生活空間をみると，「ホール（2,968分，居住比率88.3％）」において過ごす時間が突出している実態を確認することとなった。逆に自身の居室で過ごす，他者の居室に入り込むということは無いといってもよい状況である。観察結果をふまえてみると，自らの判断で場面を転換するという姿はほとんどみられなかった。また他の観察結果として，A氏は歩行動作が安定しておらず，移動は介護職員の手びき介助，もしくは，不安定な状態でのつたい歩きというものであった。

表3-1.1　A氏行動特性集計表

A氏　行動特性	8月21日	8月22日	8月23日	8月24日	8月25日	8月26日	8月27日	合計(分)	行動比率(%)
食　　　事	40	49	29	24	24	32	42	240	7.1
水　　　分	10	7	8	6	3	10	2	46	1.4
お　や　つ	3	0	11	3	5	1	0	23	0.7
おやつ拒否	0	0	0	0	3	0	0	3	0.1
排　　　泄	3	3	2	7	4	8	5	32	1.0
入　　　浴	0	0	11	0	0	13	0	24	0.7
着　　　脱	0	3	4	0	0	9	0	16	0.5
整　　　容	16	0	5	1	2	7	1	32	1.0
整　容　拒　否	0	0	1	0	1	0	0	2	0.1
目的地への移動	12	19	15	10	19	12	23	110	3.3
レクリエーション	24	0	17	0	0	0	0	41	1.2
手　伝　い	0	0	1	0	1	0	0	2	0.1
テレビ視聴	0	23	33	0	89	72	27	244	7.3
うとうと（座位）	1	38	11	71	61	42	11	235	7.0
ごそごそ	31	1	3	8	16	2	1	62	1.8
ぼんやり（座位）	299	207	250	315	184	210	331	1,796	53.5
ぼんやり（立位）	4	3	0	0	1	0	3	11	0.3
睡眠（座位）	0	0	0	0	7	6	0	13	0.4
徘　　　徊	1	0	0	1	0	12	17	31	0.9
利用者への暴力行為	0	0	2	5	0	2	0	9	0.3
発　語（大　声）	0	0	0	0	3	0	0	3	0.1
発　語（独　語）	0	0	1	0	0	1	0	2	0.1
逸脱行為(その他)	0	11	0	0	0	0	0	11	0.3
感情の表出(笑い・喜び)	0	29	0	1	0	0	0	30	0.9
感情の表出(怒り)	5	0	1	4	0	6	0	16	0.5
外出（その他）	0	70	0	0	0	0	0	70	2.1
ノーカウント	0	12	0	0	0	0	0	12	0.4
面　　　会	0	0	0	0	37	0	0	37	1.1
その他の行為	15	3	13	3	2	27	0	63	1.9
コミュニケーション	16	2	62	18	21	8	17	144	4.3

　以上のような結果をまとめると，日中におけるA氏の居住空間は，ホールという限定的な場面であり，そのような状況の下で生活が営まれている。

3．B氏の7日間の行動特性集計結果（表3-2.1参照）

　B氏の行動特性の特徴として，「睡眠」に占める比率の高さが確認できる。

表3-1.2　A氏生活空間集計表

A氏生活空間集計結果	8月21日	8月22日	8月23日	8月24日	8月25日	8月26日	8月27日	合計時間(分)	居住比率(%)
居室	0	0	0	0	1	0	0	1	0.0
廊下	35	7	1	7	7	6	56	119	3.5
ホール	437	371	454	471	432	417	386	2,968	88.3
浴室	0	0	25	0	27	24	0	76	2.3
トイレ	6	4	0	2	6	9	9	36	1.1
苑外	0	70	0	0	0	0	0	70	2.1
玄関	0	16	0	0	7	24	29	76	2.3
その他の空間	2	12	0	0	0	0	0	14	0.4

それも7日間を通して確認することができる（1,881分，行動比率56.0%）。次いで「ぼんやり（506分，行動比率14.3%）」，「徘徊（294分，行動比率8.8%）」，「食事（151分，行動比率4.5%）」，「ごそごそ（142分，行動比率4.2%）」などの行動の順となっている。この結果から，B氏の生活は「睡眠」が突出した行動特性であるという結果であることが明らかとなった。ただし，B氏の場合は「徘徊」といった認知症特有の周辺症状が顕著であり，調査開始から3日間は「睡眠」に次いで高い行動特性であった。しかしその後は，発熱による体調不良のため，「徘徊」行動はみられなくなり，そのほとんどの時間は安静状態にあった。

4．B氏の7日間の生活空間集計結果（表3-2.2参照）

B氏の生活空間をみると「居室（1,768分，居住比率52.6%）」において過ごす時間が突出している傾向を示している。一方，体調を崩すまでの3日間は他者の居室のベッド上に臥床している姿が多く確認され，またホールや廊下で過ごす時間も多かった。この結果は認知症に伴う失見当識障害が表出した結果であるといえるだろう。徘徊に伴い，ホールや廊下を行動域としていることがこのような高い数字を示す要因であろう。また観察結果からいえることとして，徘徊するB氏の姿を確認した職員は，すれちがう中で何らかの言葉をかけているということである。それに対してB氏も手を振ったり，言葉を発したり，うなずいたりする姿が確認されている。しかし発熱後は居室での生活を余儀なくされ，そのようなやりとりはみられなくなった。

表3-2.1　B氏行動特性集計表

B氏 行動特性	8月21日	8月22日	8月23日	8月24日	8月25日	8月26日	8月27日	合計(分)	行動比率(%)
食事	16	23	27	8	29	34	22	151	4.5
水分	3	6	5	0	8	19	8	49	1.5
おやつ	8	7	4	11	5	0	0	43	1.3
おやつ拒否	0	0	3	3	0	7	0	13	0.4
排泄	4	3	10	5	0	7	6	35	1.0
入浴	0	5	0	0	8	0	0	13	0.4
入浴拒否	0	4	0	0	0	0	0	4	0.1
着脱	0	7	0	0	0	0	0	7	0.2
整容	14	2	0	0	0	4	0	20	0.6
目的地への移動	21	29	8	6	4	0	1	69	2.1
目的地への移動拒否	0	2	0	0	0	0	0	2	0.1
レクリエーション	9	0	0	0	0	0	0	9	0.3
うとうと（臥位）	8	12	12	0	0	13	30	75	2.2
ごそごそ	14	26	23	40	25	0	14	142	4.2
ぼんやり（座位）	8	44	25	96	8	0	4	185	5.5
ぼんやり（臥位）	0	14	9	62	47	6	158	296	8.8
ぼんやり（立位）	12	13	0	0	0	0	0	25	0.7
睡眠（座位）	0	0	0	0	0	1	0	1	0.0
睡眠（臥位）	229	190	290	212	338	386	236	1,881	56.0
徘徊	119	89	53	33	0	0	0	294	8.8
職員への暴力行為	0	0	0	0	3	0	0	3	0.1
発語（独語）	0	1	0	0	0	0	0	1	0.0
不安症状（帰宅願望）	4	0	1	0	0	0	0	5	0.1
感情の表出（怒り）	0	1	0	0	0	0	0	1	0.0
その他の行為	6	1	3	1	4	2	1	18	0.5
その他の行為拒否	0	0	3	0	1	0	0	4	0.1
コミュニケーション	5	1	4	3	0	1	0	14	0.4

　この結果をまとめると，体調の変化により生活空間もさらに限定的にならざるを得ず，そのことで人とのかかわりも減少する傾向が表れたといえよう。

5．C氏の7日間の行動特性集計結果（表3-3.1参照）

　C氏の行動特性の特徴として，「ごそごそ（914分，行動比率27.2%）」の占める比率が最も高く，次いで「ぼんやり（643分，行動比率19.2%）」，「うとうと

表3-2.2　B氏生活空間集計表

B氏生活空間集計結果	8月21日	8月22日	8月23日	8月24日	8月25日	8月26日	8月27日	合計時間(分)	居住比率(%)
居室	186	37	365	220	0	480	480	1,768	52.6
他者の居室	94	266	16	228	447	0	0	1,051	31.3
廊下	146	90	38	28	0	0	0	302	9.0
ホール	52	66	61	4	33	0	0	216	6.4
浴室	0	18	0	0	0	0	0	18	0.5
トイレ	1	3	0	0	0	0	0	4	0.1
その他の空間	1	0	0	0	0	0	0	1	0.0

(380分，11.4％)」,「独語（350分，行動比率10.4％)」,「食事（202分，行動比率6.0％)」という結果であった。このことからいえることは，C氏の行動特性は，A，B両氏と違い何か特定の行動が突出したものではないという点である。

6．C氏の7日間の生活空間集計結果（表3-3.2参照）

　C氏の生活空間をみると，「ホール（2,683分，居住比率79.9％)」において過ごす時間が突出している実態を確認することとなった。また，夫の面会は廊下，居室においてなされるということから，それらの場の占める時間が多い傾向を示している。

Ⅳ．考察

1．3名の出現頻度の高い行動特性について

　A氏にとって「ぼんやり」としている行動特性が占める割合が最も高い結果であった。この観察結果をふまえてみると，キョロキョロと人の動きを目で追ったり，周りを見回すということを繰り返すものであった。また，時折鼻歌を唄ってみせたりする姿が繰り返されていることが確認されている。よって「ぼんやり」という行動特性は，ある一定のパターンを持つものであり，そのパターン化された行動の集積であると認識することができる。

　B氏においては「睡眠」という行動特性が占める割合が最も高い結果であった。体調の良し悪しは認知症高齢者にとっても，日々の行動を左右する大きな

表3-3.1　C氏行動特性集計表

C氏　行動特性	8月21日	8月22日	8月23日	8月24日	8月25日	8月26日	8月27日	合計(分)	行動比率(%)
食　　　　事	32	36	24	38	18	33	21	202	6.0
水　　　分	7	1	4	9	5	2	3	31	0.9
お　や　つ	5	0	2	1	0	3	0	11	0.3
おやつ拒否	0	0	0	0	0	0	0	0	0.0
排　　　泄	21	18	11	10	9	12	8	89	2.6
入　　　浴	14	0	0	26	0	0	28	68	2.0
着　　　脱	12	0	0	0	0	0	0	12	0.4
整　　　容	2	1	1	0	1	1	2	8	0.2
整　容　拒　否	0	0	1	1	0	1	1	4	0.1
目的地への移動	14	9	9	15	5	9	18	79	2.4
目的地への移動拒否	2	0	0	0	0	0	0	2	0.1
うとうと（座位）	6	65	51	21	8	20	29	200	6.0
うとうと（臥位）	2	0	1	57	76	31	13	180	5.4
ごそごそ	224	189	150	72	101	91	87	914	27.2
ぼんやり（座位）	26	57	61	106	131	94	108	583	17.4
ぼんやり（臥位）	0	2	17	0	1	35	5	60	1.8
睡眠（座位）	0	3	0	0	0	0	0	3	0.1
睡眠（臥位）	0	0	0	12	67	1	0	80	2.4
徘　　　徊	1	12	2	0	2	7	0	24	0.7
発語（大声）	0	5	1	1	0	11	4	22	0.7
発語（奇声・叫ぶ）	0	1	0	0	0	0	1	2	0.1
発語（独語）	18	66	63	42	23	68	70	350	10.4
不安症状（帰宅願望）	0	1	0	0	2	1	0	4	0.1
その他の不安症状	0	3	2	5	0	0	0	10	0.3
逸脱行為（その他）	3	0	0	0	0	0	0	3	0.1
感情の表出（笑い・喜び）	7	1	5	1	0	1	0	15	0.4
感情の表出（怒り）	0	3	2	3	1	4	6	19	0.6
感情の表出（泣く・悲しむ）	4	3	7	1	0	6	11	32	1.0
面　　　会	37	0	45	34	0	37	31	184	5.5
その他の行為	4	1	3	1	0	1	0	10	0.3
その他の行為拒否	0	0	0	0	0	1	0	1	0.0
コミュニケーション	39	3	18	24	30	10	34	158	4.7

要因であると認識することができ，このことをきっかけにB氏の生活は大きく変わらざるをえなかったといえよう。B氏の今回の結果のみで判断することはできないだろうが，優先入所による入居者は重度化の傾向にあるため，この

第3章 指定介護老人福祉施設における認知症高齢者の行動特性からみた施設生活の実態　49

表3-3.2　C氏生活空間集計表

C氏生活空間集計結果	8月21日	8月22日	8月23日	8月24日	8月25日	8月26日	8月27日	合計時間(分)	居住比率(%)
居室	24	83	17	3	124	11	0	262	7.8
他者の居室	0	0	0	0	9	3	2	14	0.4
廊下	40	10	39	38	51	38	73	289	8.6
ホール	392	378	418	405	296	428	366	2,683	79.9
浴室	24	0	0	26	0	0	29	79	2.4
トイレ	0	9	6	8	0	0	10	33	1.0

　ような状況が日常的に発生する可能性が高いといえよう．このように，B氏の状態変化から，入居者の身体レベル低下の実態，またその状態は急に変わりうるものであるということを窺い知ることとなった．

　C氏においては「ごそごそ」という行動特徴が占める割合が高い結果であった．この観察結果をふまえてみると，一定のリズムに合わせ手を叩いたり，足踏みを繰り返す，また自身の衣類を何回も触り，周りをキョロキョロと見渡し，独語を発する．これらの落ち着かない行動を繰り返すという特徴を持っており，その意味では，やはりある一定のパターン化した行動の特徴を持っているといえよう．「ぼんやり」「うとうと」という行動はそのような落ち着かない状態とは対極的な，ある意味で落ち着いた状態であるといえるだろう．また，C氏は「独語」が顕著であることが確認されている．「独語」の特徴として，意味を持たないと思われるものも多くあったが，ある時は，周りのざわついた状況に「うるさい，黙れ」という明確な意味を持った内容のものも含まれていたり，時には「助けて，殺されちゃう，困った，困った」といった現実世界と何らかの接点や意味を含むと考えられる独語であったりした．これは，C氏の不安定な精神状態の表れであると認識することができるだろう．このような結果からC氏の行動特性からみた施設生活は，精神的な不安定さを持ちつつ，落ち着きの無い状態と落ち着いた状態が日々繰り返された状態にあるという傾向を持つといえる．

　このように，3名それぞれに出現する認知症の症状には個人差があるという傾向を示すものであった．

2．非活動性を軸として日中の生活は構成されている

しかし，共通する行動特性をふまえた生活の様相も同時に見ることができる。A氏，B氏，C氏の行動特性においてその時間量が多く費やされている5種の行為についてみると，それぞれ7日間の総合計時間3,360分のうち，A氏2,659分，B氏2,807分，C氏2,249分であった。そして，最も顕著な行動特性に着目すると，A氏は1,807分（ぼんやり：全体の53.8％），B氏は1,882分（睡眠：全体の56.0％），C氏は914分（ごそごそ：全体の27.2％）であり，A，B両氏は突出した行動特性の傾向がみられ，それに比してC氏はそのような傾向を示していない。このように行動特性の個人差がみられ，さらに言うなら，C氏の行動特性はA，B両氏より多様な傾向を示すものと捉えることができる。しかし，その多様な行動の内容とその行動に費やした時間量に目を向けると，先に示したように,「ごそごそ」意外では,「ぼんやり（643分）」,「うとうと（380分）」,「独語（350分）」,「食事（202分）」というものである。そして「ごそごそ」の内容は落ち着きがなく，同じ動作を繰り返すという，認知症における周辺症状を示すものであるということから，積極的な活動という意味合いは薄いといえるだろう。また，他の顕著な行動特性と合わせて考えても，C氏の施設生活は，非活動的なものに傾斜しており，その意味では，A，B両氏と共通した行動の特性を確認することができる。

このようなことから，認知症状を呈した入居者の日中における施設生活の主要素は非活動性を軸としており，それらの行動特性の集積により構成されているといえよう。

3．非活動的な施設生活が続く要因とその解決のための介護方法論の構築が必要

生活空間の集計結果からは，3名の対象者は固定化された生活空間において生活のほとんどを過ごしていることが明らかとなった。その要因として，まずは，身体機能の低下を挙げることができる。その中でも，歩行機能の低下により行動範囲が制限されている。A氏，C氏は歩行動作が自身ではままならず，

介護職員による手びき介助が移動の際の手段となっている。よって，つたい歩きの姿もほとんど確認されなかったことが挙げられる。

また本調査においてはＢ氏のように，急な体調不良により安静を余儀なくされたことも確認することとなった。

そして，精神機能の低下，それは認知症の症状による要因の大きさも示している。自身の思いや，要望がうまく言葉として伝えきれておらず，その要求は，独語等の認知症特有の症状として表出していた。そのため，介護職員らからは，要求の意味が，適切に理解かつ把握されていない状況となってしまったのではないだろうか。

これらのことから考えられることは，優先入所により入所に至った認知症状を呈する入居者は自らの力（身体機能），そして判断力（精神機能）では自らが望む生活空間と同様に，様々な生活場面の転換を図ることが困難な状態にあるということである。よって，必然的に行動範囲は縮小し，日常生活の場面の固定化が促進されるということにつながっており，それは同時に，非活動性に傾斜した行動特性が反映された結果でもあるといえるだろう。

そして上述したような，身体機能及び精神機能の低下した状態にある，認知症状を呈した入居者の生活における非活動性は，介護職員側からは見落とされがちな行動特性であるといえるだろう。なぜなら，その状態は「安定した，落ち着いた状態」と認識することができるからである。よって認知症状を呈した入居者の生活課題・目標を見定めることの必要性が認識されにくくなってしまうと考えられる。また同様に，生活空間の固定化も「介護職員の目の届くことによる安全性の確保」と認識することができる。よって，生活場面の転換の必要性が認識されにくくなってしまうと考えられる。

このようなことから，認知症状を呈した入居者の施設での非活動的な生活からの脱却が必要であり，その鍵を握っているのは介護職員ということである。そのために介護職員らは，認知症状を呈した入居者それぞれの固有な生活課題や目標が存在していることを把握する必要があろう。そして，どのような手立てや認識を持ちつつ，かかわり合いを講じるのか，という点が非常に重要とな

るのではないだろうか。つまり，生活者としての入居者一人ひとりの求める生活を実現する上で，介護職員らの論理的思考をどのように構築・整理し，共有すべきかが鍵となるだろう。そのためには，援助の基礎となる介護職員と入居者間のかかわり合いが重要となるわけだが，それはどのようなかかわり合いを，いつ，どこで，誰によって，どのような形で実施されるべきかをふまえ検討すべきであろう。つまり，認知症状を呈した入居者の施設生活を支えるための「介護方法論の構築」が求められるということである。

V. 研究の限界

今回の調査では，対象が1施設における3名という特定の人数に限定されている。また認知症の周辺症状の特性をふまえると，夜間における行動特性も合わせて追跡する必要性があろう。その意味では日中という限定された時間枠組みの中での調査であるため，認知症を呈した入居者の施設生活全体を捉えるものではない。

【参考文献】

小澤勲『痴呆老人からみた世界』岩崎学術出版社　1998
小澤勲『痴呆を生きるということ』岩波新書　2003
後藤真澄・若松利昭「介護老人保健施設利用者の生活活動とケアの特徴―施設ケアのあらたな課題―」『介護福祉学』Vol. 11　2004
ジョアン・マグレッタ著，山内あゆ子訳『なぜマネジメントなのか』ソフトバンクパブリッシング　2003
竹中星郎『明解・痴呆学』日本看護協会出版会　2004
日本認知症ケア学会編『認知症ケア標準テキスト　認知症ケアの基礎』ワールドプランニング　2004
水谷俊夫「高齢者・障害者の徘徊行動のパターン分析に関する研究」ソフトピアジャパン共同研究報告書 Vol.7　2003
レイダー, J., トーンキスト, E.M. 編，大塚俊男監訳『個人に合わせた痴呆の介護』日本評論社　2000

第4章

認知症高齢者介護の方法論の検討に必要な基本条件に関する研究

I．問題意識と背景

　認知症という病を抱えた高齢者はその現実と向き合い，日々の生活を営んでいる生活者であり，その生活を支える介護者の果たすべき役割は大きいといえるだろう。しかし，認知症に伴う周辺症状の出現の頻度，時間帯，程度は多様であり，よってそれら状況に柔軟に対応することが困難であると予測される。先の章においても触れたが，生活者としての認知症高齢者一人ひとりの求める生活を実現する上で，その方法論の構築が求められる。その際，その基礎となる，かかわり合いや，関係づくりは重要な事項であろう。

　また，認知症高齢者の行動特性は，周辺症状として表れるいわゆる病（中核症状）の症状として捉える視点と，行動には，本人の固有な生活習慣や背景，歴史性に裏づけられた，何らかの意味を持ったものであるという，行動の意味を明らかにするという2側面の捉え方が求められると考える。小澤は後者の立場を「理解の世界」とし，介護者に求められる視点であると論じている[1]。また水谷は徘徊行動に着目し，その行動軌跡を捉える中で個別的特長，徘徊軌跡の出現差異の存在を明らかにしつつ，特定の場所への徘徊軌跡から場と人（認知症高齢者）の有意味的なかかわりを明らかにすることが個別ケアにおいて必要であると論じている[2]。

　このような論者の主張と同様に，筆者は認知症高齢者の「行動の意味づけ」，

いわばその行動を規定する要因が何であるのか，探ることが専門職としての介護者に求められる視点であり，そのことを具体的な方法として実現することが求められると考える。

Ⅱ．本研究の目的

本研究では，特定施設入居者生活介護事業所に入居する，周辺症状が顕著にみられるケース（Y氏）の行動特性を時間軸で捉え，生活の実態と共に，行動の意味づけを行った。また，Y氏にかかわる介護職員がどのような視点で介護を提供しているのか明らかにした。そして，その実際から浮かび上がってきた課題を解決する手がかりとして，認知症高齢者介護の方法論の検討において求められる必要条件を提言することを目的とする。

Ⅲ．研究方法

1．調査施設の概要

調査対象施設はB県C市に位置する特定施設入居者生活介護事業所（いわゆる介護付有料老人ホーム）である（以下A施設とする）。開設は平成16年4月，事業主体は株式会社Aである。入居者定員72名，72個室の3階建てであり，各階ユニット型の施設環境である。1階の入居者は自立度が高く，2階は医療依存度の高い傾向であり，3階は認知症を呈した入居者を中心に構成されている。

また各県の「介護サービス情報システム」をもとにした特定施設入居者生活介護事業所のランキングにおいてA施設はB県において上位15位以内にランクしており，一定のサービス水準を確保している[3]。

2．調査対象者概要

調査対象者はY氏，女性（72歳）。要介護2，障害老人の日常生活自立度（寝たきり度）判定基準ランクA1，認知症（痴呆）老人の日常生活自立度判定基準ランクⅢb。病理所見としてアルツハイマー型認知症と診断。周辺症状として，

徘徊，精神不安，暴言，暴力，奇声，異食行為等が挙げられる。特に徘徊は，他の入居者の居室に入り込んでしまい，その際に様々な物品を収集してしまうことから，入居者ら及びその家族から苦情が出ているとのことである。それら周辺症状と入居者の苦情の狭間で介護職員らは対応に苦慮している。

3．調査方法
（1） Y氏の行動特性及び他者とのかかわり実態の観測

Y氏の行動特性及び他者とのかかわりの実態把握のために調査項目を示したコード表を作成した。コード表は，①行動特性，②他者とのかかわりの2つのカテゴリーで構成した。

行動特性については22項目を設定した。うち，その状況を詳細に把握するための小項目として27項目を設定し，計49項目にわたるものとなった。また，かかわりについては7項目を設定し，小項目として26項目を設定し計33項目とした（表4-1参照）。コード表作成にあたっては，①認知症に伴い出現度の高い周辺症状と指摘されているもの，②日常生活上の基本生活行為とそれに必要とされる介護行為，③高齢者の余暇時間の過ごし方（先行研究等），④施設生活において予測される入居者と関係性を持つ人びとと基本的なかかわりの方法，を吟味し，作成した。また，観測方法として1分毎の行動特性及び他者とのかかわりの実態をタイムスタディ法によって捉えた。またその際の細かい観察結果については調査用紙の詳細欄に記載した。観察項目（コード）は1分間中，30秒以上であれば1分とカウントし，それに満たない29秒未満であればその行為をカウントしないこととした。結果，総合計時間420分にわたる観測となった。

（2） 介護職員へのアンケート調査の実施

Y氏が居住し日々の様子を捉えている3階に勤務する介護職員らが，Y氏をどのように認識し，必要な介護を描いているのかについて，把握することを目的に，アンケート調査を実施した。その内容は，①Y氏に一日をどのように

表4-1　認知症高齢者生活コード表

カテゴリー	コード
生活行為・周辺症状 （行動特性）	1．食事　①水分　②おやつ　　12．睡眠　①座位　②臥位 2．排泄　　　　　　　　　　　13．徘徊 3．入浴　　　　　　　　　　　14．暴力行為　①職員へ　②利用者へ　③物へ 4．着脱　　　　　　　　　　　15．発語　①暴言　②大声　③奇声（叫ぶ）　④独語　⑤多弁 5．整容　　　　　　　　　　　16．不安症状　①帰宅願望　②エスケイプ 6．目的地への移動　　　　　　17．逸脱行為　①異食　②不潔行為　③トイレ以外での排泄 7．趣味・レク・手伝い　　　　18．感情の表出　①笑い・喜び　②怒り　③泣く（悲しむ） 8．テレビ・ラジオ視聴　　　　19．外出　①散歩　②診察　③その他 9．うとうと　①座位　②臥位　20．面会 10．ごそごそ　　　　　　　　　21．拒否（生活行為における拒否） 11．ぼんやり　①座位　②臥位　22．その他（その内容を記載）
かかわり	1．職員（①会話　②職員へのうったえ　③職員からの声かけ　④スキンシップ） 2．入居者（①会話　②入居者へのうったえ　③入居者からの声かけ　④スキンシップ） 3．ボランティア（①会話　②ボランティアへのうったえ　③ボランティアからの声かけ　④スキンシップ） 4．家族（①会話　②家族へのうったえ　③家族からの声かけ　④スキンシップ） 5．その他（①会話　②その他へのうったえ　③その他他者からの声かけ　④スキンシップ） 6．介護・支援（①見守り　②つきそい　③一部介助　④全介助） 7．拒否（①会話　②声かけにおける拒否）

過ごしてほしいか，②今，Y氏に必要と思われる具体的な介護の2点である。アンケートの記述方法は自由記述とした。その際，質問項目に対して具体的に回答してもらうよう，生活相談員に依頼し，その旨を介護職員へ伝えてもらうよう努めた。その結果，13名の3階フロア勤務介護職員のうち，9名の介護職員より回答を得た（回収率69.2％）。

4．データ分析の方法

タイムスタディ法によって得た結果を Excel に転記し，単純集計を行った。その際 Y 氏の行動特性を 1 時間毎に捉え，10：00～17：00 までの時間帯で整理した。

またアンケート調査で得た結果は，同要素と捉えられる内容ごとにカテゴリー化し，整理した。

5．用語の定義

本研究で用いる用語を以下のように定義する。

（1） 行動特性

日常生活場面における基本的な行動（食事，入浴，排泄等）及び認知症の特性である周辺症状において，その出現の頻度が高い行動について行動特性と位置づける。

（2） かかわり

日常生活場面において他者との言語的，非言語的なコミュニケーション過程及び，介護・支援といった援助過程をかかわりと位置づける。

以上の用語について具体化したものを表 4 - 1 に項目内容として示した。

6．調査期間
（1） 行動の観測

平成 18 年 7 月 9 日　10：00～17：00 までの 7 時間（420 分）とした。

（2） 介護職員へのアンケート

平成 18 年 7 月 10 日～7 月 17 日（回収 7 月 20 日）とした。

Ⅳ. 調査結果

1. Y氏の日中の行動特性及び3種の主要行動（表4-2・図4-1参照）

Y氏の行動特性に着目すると，表4-2に総体的な行動内容15種及び頻度について示した。

また，それぞれの時間帯における主要（軸となる）な3種の行動特性について図4-1に示した。その内容として，「ごそごそ（総合計時間218分）」「ぼんやり（総合計時間49分）」「徘徊（総合計時間42分）」という3種の行動がY氏の日中における行動の主要素となっていた。以下，それら行動特性を中心としてその内容，特徴について，観察結果も合わせて示すこととする。

2.「ごそごそ」という時間における行動パターンとその変容について

Y氏の行動特性において「ごそごそ」とする時間が日中において平均的かつ

表4-2　Y氏行動特性　　　　（N＝420分）

	10:00	11:00	12:00	13:00	14:00	15:00	16:00	合計時間(分)
ごそごそ	20	27	20	27	37	58	29	218
徘徊	30	0	0	0	0	0	12	42
食事	0	21	18	0	0	0	0	39
水分	1	0	0	0	0	0	3	4
おやつ	0	0	2	0	7	0	0	9
誘導	1	0	0	0	0	0	2	3
面会	0	0	0	0	14	1	0	15
排泄	2	0	5	0	0	0	3	10
ぼんやり	6	10	6	15	1	1	10	49
うとうと	0	0	0	17	0	0	0	17
睡眠	0	0	0	1	0	0	0	1
整容	0	1	4	0	0	0	0	5
発語大声・奇声	0	1	0	0	0	0	0	1
発語独語	0	0	5	0	0	0	1	6
発語笑い	0	0	0	0	1	0	0	1

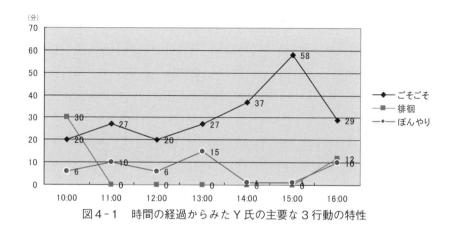

図4-1 時間の経過からみたY氏の主要な3行動の特性

最も顕著な行動特性であり,また特定の時間帯において大半を占める主要な行動の特性であった。特にそのような状態が顕著な時間帯として14:00〜16:00までの2時間であった。その頻度が最も高い14:00〜15:00の時間帯に着目すると以下のような特徴が明らかとなった。それは,①目をつむる→②他者を呼び止めるが声が小さいため,それに応えてもらえない→③机の上を触る→④車椅子から立とう(腰を上げようとする動作)とするといった行動の繰り返しと,その集積によって構成されていた。

そしてそれら行動特性は時間の経過と共に次のような変容をみせていった。それは,①目をつむる際,表情が険しい(観察結果)→②他者を呼び止める声が大きく荒々しくなる→③机の上を激しく叩く→④立とう(腰を上げようとする動作)とする回数が増える→⑤そして,その間に奇声を発するようになった。このように時間の経過と共にY氏は落ち着かない,いわゆる不穏な状態が加速していく様子が確認された。

3.「ぼんやり」という時間における行動パターンについて

ぼんやりとした状態は毎時間帯確認されており,最も顕著な時間帯は13時台(15分間)である。食後ということで満腹感のためか,うとうとする様子

を確認している。基本的には、ぼんやりという言葉通り、その行動内容はうとうとしている状態や、1点を凝視したり、遠くを見ているような、うつろな様子であった。

4.「徘徊」という時間帯における行動パターンについて

徘徊は10時台と16時台にのみ見られ、他の時間帯には確認されることのない行動である。このような状況は、徘徊以外の時間は座って過ごしている状態を示すものでもある。また徘徊時の様子は鼻歌を唄いながら、表情は穏やかで笑っており、Y氏にとって良い状態であるように見受けられた。しかし、他の入居者の居室へ入り込んでしまう行為が頻繁であるため、介護職員が付き添い、見守り、その状態を回避している状況が確認された。

5．他者との交流が希薄である（表4-3参照）

次にY氏のかかわり合いの頻度と特徴について観測結果をふまえ、みることとする。

図4-1に示されたY氏の行動特性において高い頻度を示す「ごそごそ」「ぼんやり」「徘徊」の3種の行動において、その間の他者とのかかわりの状況に着目すると「ごそごそ時218分中33分」「ぼんやり時49分中3分」「徘徊時42分中24分」であった。そして、それぞれの行動における、かかわりの比率としてその頻度が最も高い行動は「徘徊時（57％）」であり、次いで「ごそごそ時（15％）」そして「ぼんやり時（6％）」となっている。この「ぼんやり時」にかかわりが少ない結果は、ぼんやりとした状態がかかわりの少なさを反映しているものと認識されるため、結果的にかかわりが少ないといえる。そして先に示したように、Y氏にとって最も不安定であり、不穏な状態が顕著に確認された15時台の「ごそごそ（58分）」の時間帯における、他者とのかかわり合いは、ほとんど見受けられず「職員からの声かけ（1分）」のみであり、Y氏の孤立した状態が確認されることとなった。この結果から窺い知ることとして、Y氏にとって援助を必要とする時間帯が15時台であるが、その時間帯にかか

表 4-3　Y氏の行動特性として頻度の高い領域と介護職員のかかわりの頻度

行動特性	かかわり
ごそごそ（総時間数 218 分）	かかわり（総時間数 33 分）
10 時（20 分）	10 時（0 分）
11 時（27 分）	11 時（見守り 3 分・他の利用者への声かけ 1 分）
12 時（20 分）	12 時（職員へのうったえ 4 分・職員からの声かけ 1 分）
13 時（27 分）	13 時（職員からの声かけ 1 分）
14 時（37 分）	14 時（職員へのうったえ 1 分・面会 8 分）
15 時（58 分）	15 時（職員からの声かけ 1 分）
16 時（29 分）	16 時（職員との会話 1 分・職員とのスキンシップ 3 分・他の利用者とのスキンシップ 7 分・他の利用者へのうったえ 1 分・他の利用者への声かけ 1 分）
ぼんやり（総時間数 49 分）	かかわり（総時間数 3 分）
10 時（6 分）	10 時（他の利用者へのうったえ 1 分）
11 時（10 分）	11 時（他の利用者への声かけ 1 分）
12 時（6 分）	12 時（0 分）
13 時（15 分）	13 時（職員からの声かけ 1 分）
14 時（1 分）	14 時（0 分）
15 時（1 分）	15 時（0 分）
16 時（10 分）	16 時（0 分）
徘徊（総時間数 42 分）	かかわり（総時間数 24 分）
10 時（30 分）	10 時（職員の付き添い 11 分・職員の見守り 4 分）
16 時（12 分）	16 時（職員の付き添い 9 分）

わりの時間がもたれていないということである。

　他方，最もかかわりの頻度が高い行動としては，Y氏の認知症における特徴的な周辺症状である「徘徊」であった。そのような行動が出現する時間帯における介護職員のかかわりのあり方（方法）に着目すると，「付き添い（合計時間 20 分）」「見守り（合計時間 4 分）」という形でY氏へのかかわりを持っていた。この結果は，先にY氏の基礎情報において示した，徘徊による他入居者の居室への入り込み，また物品の収集に対応する介護職員の姿が反映された結果で

あると捉えることができる。

6．行動の意味づけ

　以上の観測結果をふまえ，Y氏の行動の意味づけを行いまとめることとする。
① 観察結果から，Y氏にとって徘徊は本人にとっては心地よい状態である。
② しかし，その行動は座位保持という形で抑制され，結果1日の大半を座って過ごすこととなっている。
③ そして，不穏状態が加速化しているのは，「ごそごそ」する時間帯であり，それは同時に他者とのかかわり合いの無い孤立した時間帯でもある。
④ このような経過から，実は心地よいと思われる徘徊は不穏状態の反応であるという予測が立てられる。
⑤ よって孤立した状態からの脱却により，Y氏の行動，生活が変容していく可能性を持っている。

　このような予測はY氏の1日の行動特性をもとに構築されたものであり，Y氏の全ての状況を予測するものとは言えないだろう。しかし大切なことは，このような「行動の意味づけ」であり，そのことをふまえ，介護職員らがY氏に求められる介護を吟味するかということであろう。

7．介護職員の認識について

　次に，そのようなY氏の生活の実態があるなかで，介護職員はY氏にどのような認識のもと，どのような介護を描いているのか，アンケート結果をふまえてみていくこととする。
　まず，「Y氏にどのように一日を過ごしてほしいか」という問いに対して，介護職員が注目している事柄は，「歩きたい時に自由に歩く（6件）」「笑って楽しく過ごしてほしい（5件）」であった。この結果はY氏の徘徊に着目し，そのことに制限を付けず，できるだけ楽しく，笑って1日を過ごしてもらいたいという思いが表出したものであろう。他には「他者とのかかわりが増えること

（3件）」「レクリエーション，作業への参加（2件）」を通じて1日を充実したものにしてほしいという思いも確認された。また，「こぼさず食事を（1件）」「トイレでの排泄を（1件）」という日常生活動作に着目した意見もみられた。

次に「今，Y氏に必要と考える具体的な介護」について介護職員が注目している事柄は「自由な歩行のための時間・環境の確保（5件）」が最も多く，そのことを別の表現で「座りっぱなしにしない（1件）」「運動の必要性（1件）」「残存機能の活用（1件）」といった意見もみられた。このように，それぞれの視点をふまえつつもY氏の「歩行」について着目している介護職員の意識がみられる結果となった。また，「他者とのコミュニケーションの必要性（3件）」，そして日常生活行為として「排泄，食事，水分摂取（それぞれ1件ずつ）」について着目している結果を得た。また「個別対応の必要性（2件）」を挙げた介護職員もいたが，何について個別対応が必要なのかということについての具体的な回答は記載されていなかった。この結果からは，歩行という表現ではあるが，Y氏の徘徊という周辺症状に着目した介護の必要性を認識していることが反映された結果であるといえるだろう。

V. 考　察

1．介護職員の認識とY氏の生活実態の間にはズレが生じている

以上の結果からY氏に対する介護職員の認識をみると，①Y氏の特徴的な周辺症状である徘徊において制限をつけないことがY氏にとって必要であると同時に，どうすればそのような状況が実現できるのか，という思いを中心としつつ，②他者とのかかわりの不十分さとその必要性，③日常生活動作への援助の必要性，という3側面からY氏への介護を描いていると認識できる。これはY氏に必要とする介護の認識（意識）とY氏の行動（実態）についての認識が一致した結果であるともいえるだろう。

しかし先に示したように，Y氏の生活において落ち着かない不穏な状態が「ごそごそ」という時間帯の中で発生し，かつ加速化しているという実態をふまえ考えてみると，介護職員の介護のあり方についての認識は十分とはいえな

い。ではその十分でない箇所はどこにあるのかを示すならば，具体的な介護のタイミング，方法（いつ，だれが，どこで，どのように，どうして）まで十分に描ききれていない点にあるといえるのではないか。それは同時に，Y氏の行動の特性が把握しきれておらず，また行動の意味づけがなされていないために生じた事柄であると捉えることができるであろう。このことから，介護職員は大まかにはY氏の生活とその際必要な介護を描くことができているが，実際には介護職員のY氏への認識と，Y氏自身の置かれている生活の実態の間にズレが生じており，そのため，Y氏の個別性に即した介護のあり方及び生活のあり方が具体化されていない実態となっているものと認識できる。では，1日の限られた時間の実態から，上述した状況が日常化しているのかということを考えると，日々かかわり合う介護職員がY氏の行動の意味づけを成さぬまま，Y氏の生活を捉え続ける限り，実態と認識のズレを修正することはできず，Y氏に合わせた介護を描くことは，やはり困難なものとなるのではないか。

　以下，今回のケースから浮かび上がってきた課題を整理すると，①Y氏の生活の実態が介護職員に具体的かつ事実に即した形で把握されていない，②Y氏の生活が正確に把握されていないこと，及び行動の意味づけがなされないままでいることが，介護職員が描くY氏への介護が具体化されないことへつながっている，③その認識のズレは一致させられることがない状態が続いていることが予測され，④よってY氏に必要とされる介護の実現に至っていない，ということが考えられるであろう。

2．客観的な状況把握のためのツールが必要である

　このように，介護職員の認識と，Y氏の生活実態との間にはズレが生じており，よってY氏の個別性に即した介護のあり方及び生活のあり方を具体化していくことが求められる。その際，今回のケースを通して，どのような条件が満たされることが基本的に必要であるのかを考えると，やはり認識と実態の間のズレをいかに一致させていくことができるのかということ，また行動の意味づけがなされることが，解決のための必要条件として挙げられるだろう。前述

したように，介護職員の認識，かかわりの実態は徘徊に着目しており，そのことを判断基準とした介護を描いており，本来着目することが求められる場面と考えられる「ごそごそ」時において，変容するY氏の状況を捉えきれていなかった。その状況下における介護の判断基準は介護職員の主観性に傾斜したものとなっていることが予測されることから，正確な状況把握に至っていないことを示すものであろう。そのような判断基準のもとでは，今回のケースで発生したズレを修正することは困難となるであろう。よって客観的な実態を把握する行動観測ツールを介護職員が持ち（活用し），実態把握をもとにした介護を描くこと，また認知症高齢者自身が求める生活の追求と本人への理解を深めていくことが必要となるであろう。特に個別性の高い周辺症状を呈する認知症高齢者においては，その状態把握，行動の変容過程を時間軸に沿って，継続的に観測できること，そしてそのことをふまえた上で「行動の意味づけ」を行っていくことが求められ，それはツールとして具体的に示される（開発する）必要があるだろう。他方，ツールの開発ということにこだわらずとも，既存の行動観測ツール[4]の活用であってもよいと考える。なぜなら，大切なことは介護の方向性，介護投入のタイミングといった方法論が明確化され，具体的な介護提供に至ることが中心的な課題であるからだ。よって，どのようなツールが，より明確に認知症を抱えながら生きる高齢者の生活の援助場面において役立つのか，というツールの吟味も，日常生活の様々な場面において，かかわりを持つ介護職員には求められる課題ではなかろうか。そして，このような議論は，介護職員が個人に合わせた介護の方向性を検討する際の判断基準を明らかにするための基本的な必要条件でもあるといえよう。

3．チームアプローチを実現させるカンファレンスのあり方

　また周知のとおり，施設における介護は様々な職種間との連携，チームアプローチという方法によって展開される。そのため関係する専門職員らが，いかに共通の認識に立って介護の提供にあたるのか，そのための協議の場が必須であり，それは一般的にはカンファレンスにおいて成されている。本研究の調査

対象となったA施設におけるカンファレンスの実施状況に着目すると，月に1度，1時間～2時間程度，ケアプランの変更・更新を中心とした内容で，業務時間外において実施されている。その際の基礎データとして，ケアプランのアセスメントシートをもとに運用されている状況である。このようなことから，カンファレンスの運用はケアプランの変更・更新に特化したものであり，実施回数と時間量をみても，具体的な介護の方法論の議論まで深まるような状況にないことが予測され，同時に，業務時間外におよぶ，介護職員らの努力が実るものではないと考えられる。よって，カンファレンスの運用をいかに効果的なものにしていくのかという課題があろう。そのためには，行動観測によって得た情報をもとに，介護職員たちの情報・認識の共有，介護の評価，介護方法の検討を具体化させることが求められるだろう。またそれは専門職集団（チーム）として認識と実態のズレを一致させていく行為であるといえる。このような観点に立つと，カンファレンスのあり方とは，介護の方法の確立に欠かせない行為であり，それは逆にカンファレンスの方法論の確立によって，明確な介護の方法を企画することにつながるといえるだろう。そして，客観的事実の把握をチームの認識として一致させることへ発展（展開）させることが，チームによる介護のあり方を検討する上で求められるといえるだろう。

Ⅵ. 研究の限界

本研究において，Y氏の状態把握において行動観測を継続的に行うことが可能なツールの必要性を具体的に明らかとすることはできた。しかし，そのことがどのようにカンファレンスの場で効果的に活用され，そしてどのように介護の方向性，認識，実践が変容していったのかについては明らかにすることはできなかった。今後さらに介護提供過程及びその効果について測定することが課題として残った。また今回はY氏1名に限定した研究であったことから，他の認知症高齢者を対象とした観測を積み重ねていかなければならないであろう。

注

1) 小澤勲『痴呆を生きるということ』岩波新書　2003　pp.6-10。
2) 水谷俊夫「痴呆性高齢者の徘徊行動の分析」『キリスト教社会福祉学研究』32　1999　pp.111-112。
3) 対象は関東（東京都，神奈川県，千葉県，埼玉県），愛知県，大阪府，兵庫県，の有料老人ホーム（特定施設入居者生活介護事業所）で入居定員が10名以上の「介護サービス情報システム」から情報を抽出した。ただしデータが不完全なホーム，平成19年4月開設のホームは除外してある。
ランキングの算出方法は，5つの指標（①入居者の比率に対した直接処遇職員数②入居者の比率に対する介護職員の資格数③夜間看護体制の有無④事業開始年⑤立地）の数値を点数に置き換え（各20点満点）それら合計得点（100点）の高い順に都道府県別のランキングを作成した。調査期間は2007年4月11日～12日，前年度のデータをもとにしている。※詳しくは，『週刊ダイヤモンド2007/05/19号』を参照頂きたい。
4) 既存の認知症高齢者の行動特性を捉えるツールとして，六角僚子はアセスメントスケールとして，①柄澤式「老人知能の臨床的判断基準」，②Functional Assessment Staging (FAST)，③Clinical Dementia Rating (CDR)，④GBSスケール，⑤N式老年者用精神状態尺度（NMスケール）という5種のツール（評価項目及びそれぞれのツールの特徴）を紹介している（『認知症ケアの考え方と技術』医学書院　2005）。また，その他の行動観測ツールとして，①Dementia Care Mapping (DCM)，②センター方式（一部アセスメントシート）（認知症介護研究・研修東京センター『認知症の人のためのケアマネジメントセンター方式の使い方・活かし方』中央法規　2005），また福島富和による，③認知症高齢者介護マニュアルチャート（『認知症高齢者標準ケアサービス（改訂版）』日総研　2003）等が存在する。

【参考文献】

伊丹敬之『場の論理とマネジメント』東洋経済新報社　2005
今井賢一・金子郁容『ネットワーク組織論』岩波書店　1988
岩間伸之『援助を深める事例研究の方法』ミネルヴァ書房　1999
太田正博他『私，バリバリの認知症です』クリエイツかもがわ　2006
クリスティーン・ボーデン著，桧垣陽子訳『私は誰になっていくの？―アルツハイマー病者からみた世界―』クリエイツかもがわ　2003
齋藤嘉則『問題解決プロフェッショナル　思考と技術』ダイヤモンド社　1997
竹中星郎『明解・痴呆学』日本看護協会出版会　2004
日本認知症ケア学会編『認知症ケア標準テキスト　認知症ケアの基本』ワールドプ

ランニング　2004
野口裕二『物語としてのケア―ナラティヴアプローチの世界へ―』医学書院　2002

第Ⅱ部

介護職員の業務における身体活動量に関する研究

―歩数量と運動強度及び業務との関連から―

第5章

ユニット型及び従来型指定介護老人福祉施設間及び新人・中堅職員間における歩数量からみた介護労働の実際

Ⅰ．問題意識

　わが国の高齢化の進展は介護を必要とする高齢者の増加を意味している。国の政策方針として在宅を中心とした体制の強化とあるが，施設が果たす役割は大きく，またそこで働く介護職員の存在は欠くことができないことは言うまでもない。しかし，介護職員らをとりまく労働環境は未だ十分といえるものではない。このような現状を鑑みると，介護者が長期間腰を据えて職務にあたることのできる環境整備は人材確保の視点から必須条件であろう。そして，その条件整備のため基礎となる研究の蓄積も重要であろう。

Ⅱ．研究の目的

　本研究は，施設で働く介護職員らの安定した労働条件の検討に資するデータ，及び分析結果の提示を主目的とし，そのための指標として，介護職員の勤務内における歩数調査（①歩数量，②運動強度）を実施した。

　それも，従来型及びユニット型の指定介護老人福祉施設における施設介護労働の実態について，①両施設間における歩行状態，②新人・中堅職員間における介護業務内における歩数状況，③状態の異なる入所者で構成されるフロアにおける歩行状態，④日勤帯及び夜勤帯における歩行状況，これらの比較検討を行い，そこからみえる差異性と共通性について明らかにすることを目的として

いる。

Ⅲ．研究方法

1．調査対象者
　ユニット型・従来型特養の介護職員7名ずつ計14名を対象に調査を行った。対象者の性別・年齢等は以下の通りである（表5-1）。

2．調査期間
　従来型施設：平成22年12月2日～12月17日
　ユニット型施設：平成22年11月3日～11月12日

3．調査方法
　勤務時の歩行状況，特に本研究では，①歩数量，②運動強度の把握のため，対象職員にライフコーダ（スズケンEX版）を日勤業務開始時に携帯し，終了時に外すとした（残業時間含む）。その後専用解析ソフトにより収集したデータを出力した。

4．ライフコーダについて
　ライフコーダとは生活習慣記録機であり，日常の身体状況（歩数，消費カロリー量，運動強度，時間，運動頻度）を最大200日連続して記録するツールである加速センサーを搭載し，4秒ごとの運動強度を測定することが可能である。スズケンにより開発され，個人の生活場面における健康管理や，糖尿病教育を実施する医療機関・自治体等，また様々な研究分野で用いられている。機器と

表5-1　調査対象介護職の属性

施設タイプ	性別	平均年齢	平均経験（年数）	新人：中堅（人）
ユニット型	女性7	23.4歳	1.9年	4：3
従来型	女性6 男性1	22.1歳	2.3年	4：3

しての性能の信頼性が確保されたツールである。なお，本研究ではそれら機能を持つ EX 版を使用した。

5．用語の定義
（1）従来型施設

老人福祉法制定後，スタンダードとなった施設設計であり，それは8人または4人，2人部屋といった，複数の入居者が同室において生活を営む様式がとられていることがその特徴であり，いわゆる多床型ともいわれる所以である。現在ではこのような施設設計での新設は原則認められていない。このような施設を従来型施設とする。

（2）ユニット型施設

2002年より介護老人福祉施設の個室化がはじまり，高齢者施設ケアのスタンダードとなった。その具体的な形態としてユニット型介護老人福祉施設を挙げることができる。その特徴は全室個室による小規模の生活単位を形成し，個別なケアを行うものである。そこで展開される個別ケアを一般的に「ユニットケア」と称す。ユニットケアについて武田ら（2000）は，「施設をいくつかのグループに分け小規模化し，流れ作業的ケアから生活を共にするケアを目指すという発想の転換を具体化した新しい場の提供と援助形態である」と定義している[1]。このような施設をユニット型施設とする。

（3）運動強度

ライフコーダによって測定できる歩行時の負荷，強度をいう。強度は0〜9段階，微少があり，本研究では動きとしてカウントすることが認められない0及び微少を除いた，動きとして認めることのできる1〜9段階を示す強度を採用する。なお，1〜3は歩行運動レベル，4〜6は速歩運動レベル，7〜9は強い運動（ジョギング等）レベルとされている。

（4）新人職員

その施設に介護職員として介護業務に従事して1年未満の経験を有する者をいう。また他施設での実務経験が無いことも条件として含んでいる。

（5）中堅職員

その施設及び他施設において介護職員として介護業務に従事して3年以上の経験を有する者をいう。

6．倫理的配慮

本研究での研究対象者には，あらかじめ研究趣旨を説明し了承を得た。知り得た情報・データについては本研究以外では使用しない旨を伝えた。また，対象施設側にも個人名を特定しないよう協力を求め，了解を得た。

Ⅳ．介護職員の歩数調査結果（表5-2参照）

1．ユニット型施設における介護職員の歩数状況

ユニット型施設における対象者の歩数量は，中堅職員，3名それぞれの平均歩数は，8,240歩，14,156歩，9,714歩であり，3名の総平均は10,703歩であった（SD2522.5）。一方，新人職員では，4名それぞれの平均歩数は，8,682歩，11,437歩，10,116歩，12,154歩であり，4名の平均総歩数は10,597歩であった（SD2019.0）。こちらも中堅職員と同様に，平均歩数が大きく異なることから個人差が顕著である結果を得た。また，中堅・新人両者間で顕著な歩数量の差はみられなかった。この点について，対応のないt検定により検討したものの，有意差は確認できなかった。

表5-2　中堅・新人別ユニット型・従来型特養平均歩数（N=14）

	ユニット型（歩）	従来型（歩）
中堅平均	10,703（SD2522.5）	13,438（SD4732.8）
新人平均	10,597（SD2019.0）	13,239（SD5678.3）
全平均	10,643（SD2294.4）	13,416（SD5184.6）

2. 従来型施設における介護職員の歩数状況

　従来型施設における対象者の歩数量は，中堅職員，3名それぞれの平均歩数は，14,340歩，8,167歩，17,807歩であり，3名の総平均は13,438歩であった（SD4,732.8）。一方，新人職員では，4名それぞれの平均歩数は，6,133歩，17,690歩，19,532歩，9,602歩であり，4名の平均総歩数は13,239歩であった（SD5,678.3）。こちらも中堅職員と同様に，平均歩数が大きく異なることから個人差が顕著である結果を得た。

　また，中堅・新人両者間で顕著な歩数量の差はみられなかった。この点について，対応のないt検定により検討したものの，有意差は確認できなかった。

3. ユニット型及び従来型施設における歩数（全平均）について

　勤務内における歩数調査において，2つの施設での平均歩数（全平均）は，ユニット型10,642.6歩（SD2294.4），従来型13,415.6歩（SD5184.6）で，従来型の方が平均歩数は多かった。中堅・新人職員の平均歩数も2,735歩，2,642歩，従来型の方が多かった。しかし，ユニット型と従来型の平均歩数について対応のないt検定により検討したものの，有意差は確認できなかった。

4. ユニット型施設における中堅・新人職員の歩数について（表5-3参照）

　次に，各施設における中堅・新人職員別の歩数について，ユニット型施設における中堅職員3名及び新人職員4名の歩数調査結果（表5-3）では，中堅職員3名の平均歩数は10,703±2,522.5歩で，最小6,020歩〜最大14,724歩と幅があった。新人職員4名の平均歩数は10,597.1±2,019.0歩，最小6,063歩〜最大13,794歩で，中堅職員に比べて若干少ない平均歩数であったが両者に顕著な差はない。同様に，新人職員で最も歩数が少ないケースNo.6と，中堅職員で最も歩数が少ないケースNo.4は同じユニットに所属しており，共に11月11日であることから，所属するユニットにおいて身体活動状況が異なる介護労働の実態があることが予測され，中堅・新人を問わず所属するユニットによる活動状況の差の影響が大きいと予測される。

表5-3 ユニット型特養介護職員の歩数調査結果（N=7）

	職員	月日	歩数（歩）
中堅	No.1	11月3日	8,535
		11月4日	8,245
		11月6日	8,315
		11月7日	6,177
		11月10日	9,929
		平均	8,240
	No.2	11月8日	13,587
		11月11日	14,724
		平均	14,156
	No.4	11月3日	9,536
		11月4日	11,654
		11月5日	10,071
		11月7日	12,222
		11月11日	6,020
		11月12日	8,780
		平均	9,714
新人	No.3	11月5日	11,598
		11月10日	7,524
		11月12日	6,923
		平均	8,682
	No.5	11月3日	12,265
		11月7日	10,812
		11月8日	11,243
		11月9日	11,108
		11月10日	11,757
		平均	11,437
	No.6	11月4日	10,482
		11月7日	12,122
		11月8日	11,290
		11月9日	10,623
		11月11日	6,063
		平均	10,116
	No.7	11月4日	13,794
		11月8日	10,391
		11月9日	12,276
		平均	12,154

表5-4 従来型特養介護職員の歩数調査結果（N=7）

	職員	月日	歩数（歩）
中堅	No.2	12月1日	12,512
		12月2日	11,081
		12月5日	13,731
		12月8日	16,519
		12月17日	17,856
		平均	14,340
	No.3	12月4日	8,738
		12月5日	9,804
		12月16日	6,060
		12月17日	8,067
		平均	8,167
	No.6	12月6日	15,993
		12月11日	23,108
		12月13日	15,375
		12月15日	16,752
		平均	17,807
新人	No.1	12月5日	5,241
		12月6日	5,798
		12月7日	7,361
		平均	6,133
	No.4	12月8日	16,777
		12月9日	21,692
		12月10日	16,009
		12月12日	16,004
		12月13日	17,966
		平均	17,690
	No.5	12月6日	17,757
		12月7日	21,243
		12月14日	19,595
		平均	19,532
	No.7	12月7日	8,435
		12月9日	6,999
		12月10日	10,237
		12月11日	9,786
		12月12日	12,555
		平均	9,602

5. 従来型施設における中堅・新人職員の歩数について（表5-4参照）

　従来型施設における中堅職員3名及び新人職員4名の歩数調査結果（表5-4）では，中堅職員3名の平均歩数は13,438±4,732.8歩，最小6,060歩〜最大23,108歩であった。最小歩数の所属フロアでの歩数は6,000〜9,000歩台で，最大歩数の所属フロアの歩数11,000〜17,000歩台との差が顕著で，所属フロアによって差が大きい。新人職員4名の平均歩数は13,239±5,678.3歩で，最小5,241歩〜最大21,692歩であった。最小歩数の所属フロアでの歩数は8,000〜12,000歩台で，最大歩数の所属フロアの歩数17,000〜21,000歩台との差が顕著で，中堅職員と同様に所属フロアによっても差がみられ，中堅・新人を問わず所属するフロアによる活動状況の差が大きいと予測される。

V. 考　察

　ライフコーダによる本研究で得た歩数調査では，施設における平均歩数は，ユニット型10,642.6歩（SD2294.4），従来型13,415.6歩（SD5184.6）であり，これは武田ら（2005），涌井（2003），三浦ら（2001）の調査で得られた結果と同様であったことから本調査結果は妥当であると考える[2]。また，三浦ら（2001）によるユニット型特養での平均歩数は，従来型よりも少ない傾向にあるという結果を得ており，本研究においても同様な結果であった[3]。ユニット型特養の従来型とは大きく異なる点は，少人数に対応することを目指す空間のしつらえがなされていることであり，それがユニット型施設の特徴でもあることから，介護職員の動線が短くなるという点である。よって，両施設の空間構成上，介護職員の歩数に差異が生じるのは自然なことであると考えられる。したがって，従来型施設の方が介護職員の平均歩数が多く，身体により負担が大きく，ひいてはその負担が蓄積されることで精神的負担（ストレス）へと繋がる可能性がある。

　しかし，ここでいう歩数とは歩行状況における一要素に過ぎず，「歩行状態」とは異なるという点がある。歩行状態とは歩行時の姿勢を指し，大阪府立公衆衛生研究所の調査（2005）によると，介護職員の作業姿勢として腰部負担のあ

る3つの姿勢（前傾, しゃがみ, 膝つき）が勤務時間7時間30分中の40％を占めており, また20度以上背中が曲がっている時間は勤務内の46％に及ぶと報告している[4]（図5-1, 5-2参照）。本研究においても, 単なる歩数としての認識ではなく, 歩行状態を付加した過負担な姿勢での歩行状態が介護業務内でどのようにみられるかという視点が必要である。他にも多くの介護業務と腰痛との関連を示す研究があり, その関連性を探求することは, 今後の課題である。

また, 中堅・新人職員での比較においては顕著な差がなく, むしろ所属するユニットまたはフロアにおける活動状況（介護状況）によることから, 当初予

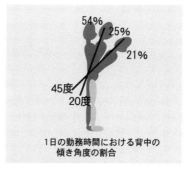

腰に負担がかかる姿勢は勤務時間の40％におよびます
1日の勤務時間中にしている姿勢の時間（7時間30分として計算）

```
前傾      2時間13分
しゃがみ        33分
ひざつき        10分
立位      2時間42分
床座           1.4分
椅子座         36分
歩行      1時間16分
```

腰に負担のかかる左のような姿勢の合計は2時間56分でした。

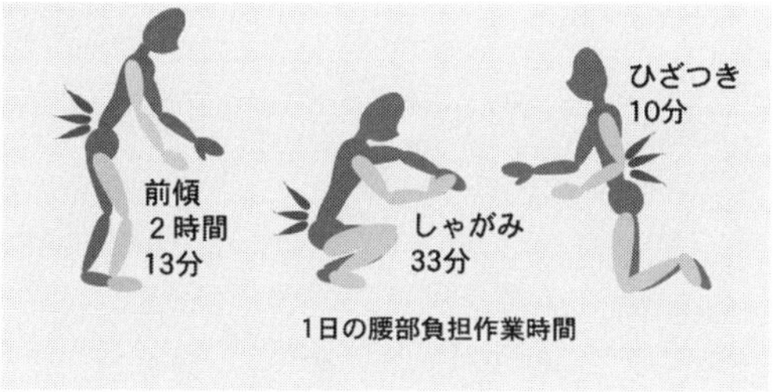

図5-1　業務内における介護職員の腰部負担の割合
出典：大阪府立公衆衛生研究所（2005）

20度以上背中が傾いている時間は46％におよびます

1日の勤務時間の間, 背中の傾きを記録すると右図のように, 20度未満の時間は54％, 20〜45度になっている時間は25％, 45度以上になっている時間は21％でした。背中を傾けている時間が**勤務時間の内46％**と長いことが分かりました。

図5-2　業務内における介護職員の姿勢の状態
出典：大阪府立公衆衛生研究所（2005）

測していたのと異なる結果になった。中堅職員は勤務年数が増すことで熟練されることにより、作業効率が上がるため、介護業務における活動量は減少すると考えていた。しかし、両者に顕著な差はなく、中堅職員（3年程度）は新人職員ら（1年未満）と比較しても、熟練しているとは言い難いと考えられる。経験3年というと、介護の現場では役職が与えられ、リーダーとして位置づけられる職員群であるといわれているが、実際はそこまでの業務遂行能力に到達していない可能性がある。あるいは、熟練されることによって利用者ニーズの把握がより明確になり、そのことが活動状況に影響を及ぼし、歩数の増加につながっている可能性もある。単に個人差として捉えてよいか、今後対象数をさらに増やし、比較検討する必要がある。

注
1） 外山義・辻哲夫他『ユニットケアのすすめ』筒井書房　2000　pp.22-23。
2） 武田ら（2005）の調査によると介護職員の歩数は6,000～12,000歩の間に分布しており、平均は9,447歩であり、涌井（2003）は平均歩数が12,927歩、三浦ら（2001）は10,000～15,000歩位に分散しているという調査結果を示している。
3） 三浦研・鈴木修二・佐藤友彦ほか「個室ユニット化に伴う看護および介護職員の身体活動量の変化」日本建築学会大会学術講演抄録集　2001。
4） 大阪府立公衆衛生研究所「腰痛の起こらない介護現場の実現のために」　2005。

【参考文献】
石坂愛子・安畑敏弘・茂山千英子他「高齢者における歯周病と唾液ストレスマーカーとの関連」『口腔衛生学会雑誌』56（4）　2006　p.592
色川奈々「音楽プログラム参加前後の唾液アミラーゼ活性値の変化」『日本看護学会論文集2　成人看護』240　2009　pp.347-349
大森美津子・小林春男・大浦智華他「通所リハビリテーションに通う認知症高齢者のストレスの事例研究」『香川大学看護学雑誌』11（1）　2007　pp.44-55
岡本和士「域高齢者における主観的幸福感と家族とのコミュニケーションとの関連」『日本老年医学会雑誌』37（2）　2000　pp.149-154
高橋美岐子・藤沢緑子・佐藤沙織他「介護専門職のストレスの現状と課題」『日本赤十字秋田看護大学 日本赤十字秋田短期大学紀要』6　2002　pp.61-68

武田則昭　松本正富　齋藤芳徳ほか「高齢者施設における個別対応福祉用具導入が介護労働者の身体活動に与える影響」『産業保健調査研究』　2005
前川義量「介護職員から見た特別養護老人ホームのあり方の研究―歩数調査による介護負担の検証―」*Kwansei Gakuin policy studies review* 6　2006　pp.89-112
三徳和子・森本寛訓・矢野香代他「施設における高齢者ケア職員の職業性ストレス要因とその特徴」『川崎医療福祉学会誌』18（1）　2008　pp.121-128
山口昌樹・花輪尚子（富山大学）・吉田博（ニプロ）「唾液アミラーゼ式交感神経モニタの開発」『電気学会誌』2006　pp.13-16
山田富美雄編集『医療の行動科学』北大路書房　2004
横山さつき「卒業生の労働実態と職業性ストレス―介護福祉士の介護労働を中心とした分析―」『中部学院大学・短期大学部研究紀要』　8　2007　pp.43-54
涌井忠昭「介護労働者の身体活動量，エネルギー消費量および生体負担」産業衛生学雑誌　2003

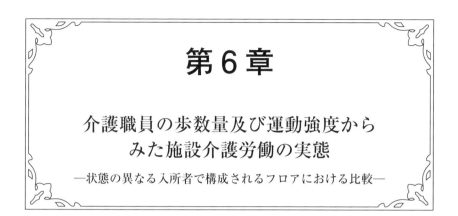

Ⅰ. 研究の目的

 本章では，以下の2点について検討する。1つ目に，介護職員らの勤務時間内における身体活動状況の測定から，介護労働の身体負荷の構造的把握を試みることである。それも状態の異なる入所者が居住する，2カ所のフロアにおける介護職員の歩行状況の差異及び共通性の様相を明らかにすることである。2つ目として，そのような状況が発生する要因を考察することである。

Ⅱ. 研究方法

（1） 調査施設

 A県B市にあるC指定介護老人福祉施設において実施。C施設はいわゆる4人部屋を中心とした多床型の施設である。社会福祉法人として1997年に設立。地域の福祉・介護の拠点としてその役割を担っている。入所定員は60名であり，2階フロアには一部介助を要する入居者及び寝たきりに近い状態にある入居者30名が居住し，必要なケアが提供されている。また3階フロアには認知症の症状を呈する入居者30名が居住している。これら入居者の異なる状態に応じて，入居者の居住編成がなされている。それは状態に応じて均質なケアを均一に提供することを想定しているためである。

（2） 調査対象者

調査対象者は，女性6名，男性1名，計7名である。平均年齢は22.1歳，平均勤務年数は2.3年，新人（1年未満の勤務経験者）と中堅（3年以上の勤務経験者）の割合は4：3である（第5章表5-1参照）。

Ⅲ．研究結果

（1） 勤務するフロアごとの歩数量の差

ここでは，勤務するフロアごとの介護職員の歩数量（2階フロア4名，17日分及び3階フロア3名，12日分）をみると，2階職員の平均歩数量は17,057.0歩（SD3049.3），3階職員の平均歩数量は8,256.7歩（SD2036.7）であった。この両者について，対応のないt検定により検討した結果，p＜0.01％水準で有意差が確認された（図6-1参照）。

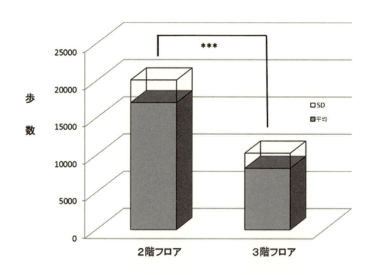

＊2階フロアN=4名17日分・3階フロアN=3名12日分。　　＊＊＊ $p < 0.01$

図6-1　各フロアの介護職員の歩数量の比較

（2） 勤務時の運動強度の特性

さらに，フロアごとの介護職員の運動強度1～9について，それぞれ平均値を算出し，それをグラフ化した（表6-1・図6-2・6-3参照）。

表6-1に示したとおり，介護職員個々によって運動強度にはバラつきがあるものの，2，3階それぞれのフロアでの運動強度は，強度2を中心としており共通の様相を示している。さらに，それぞれのフロアでの運動強度における傾向をみたところ，強度2を頂点とした「へ」の字に曲線を描いている実態が示された（図6-2・6-3）。このことから，フロアによって職員の歩行量には差がみられるものの，運動強度については，歩数とは関係なく同じ程度の強度になっている実態が明らかとなった。

Ⅳ．考　察

介護職員の介護労働時の歩数量は，新人・中堅といった勤務経験年数ではなく，フロアごとで大きく変動することが明らかとなった。このことは，そこで生活を営む入居者の状態が大きく関連していると予測できる。当初筆者らは，認知症の症状を示す入居者は要介護度としてはそれほど重くなくても，認知症

表6-1　各フロアの介護職員運動強度1～9の平均値（回数）（N=7）

	職員	強度(回数)	強度1	強度2	強度3	強度4	強度5	強度6	強度7	強度8	強度9
2階フロア	No.6	平均	655.7	1170.5	297.5	265.5	198.0	108.0	196.0	40.7	0.2
		SD	54.8	123.2	10.3	66.8	119.3	81.8	184.4	52.0	0.5
	No.2	平均	439.2	958.4	252.8	273.8	373.2	61.6	9.4	1.6	0.2
		SD	63.7	97.7	45.6	86.9	227.7	36.7	11.2	2.0	0.4
	No.5	平均	594.3	1202.3	391.5	427.3	373.6	30.0	61.3	7.3	0.3
		SD	55.4	129.5	69.0	53.5	123.2	87.1	36.5	3.0	0.5
	No.4	平均	560.4	1025.4	325.6	378.6	306.0	155.8	101.8	21.0	0.0
		SD	62.5	159.7	53.8	63.9	47.0	49.6	21.5	14.7	0.0
3階フロア	No.1	平均	298.6	516.6	104.6	94.3	4.6	28.3	0.3	0.3	0.6
		SD	49.5	79.0	20.1	23.2	7.2	12.0	1.5	0.5	1.1
	No.3	平均	329.5	721.2	266.0	119.0	38.7	15.0	4.2	1.0	0.2
		SD	22.7	119.6	47.6	57.1	32.8	3.4	2.8	2.0	0.5
	No.7	平均	326.0	610.6	193.8	185.8	85.6	91.2	39.2	3.2	0.6
		SD	40.7	107.6	46.7	56.7	44.3	62.8	30.5	2.5	1.3

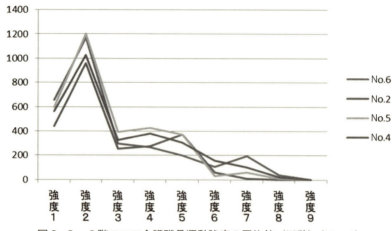

図6-2　2階フロア介護職員運動強度の平均値（回数）（N＝4）

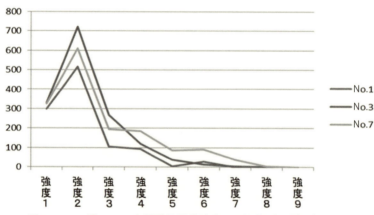

図6-3　3階フロア介護職員運動強度の平均値（回数）（N＝3）

ゆえの記憶・見当識障害や周辺症状があるため，その対応に介護職員は困惑することが予測され，そのことが歩数量の多さにつながると予測していた。しかし本研究では，認知症フロア（3階）での歩数量はそれ以外のフロア（2階）よりも少ないという予測を裏切る結果であった。このことからまず考えられることとして，認知症利用者の身体的な重度化に伴う移動範囲の縮小が関連しているのではないかと思われる。一般的に，認知症は進行性で8年から10年で

重度化するが，施設入所に至る時点である程度進行しているため，数年で要介護度も重くなり，行動範囲も狭まってくる。また，認知症の対応をきめ細かく行うため，もしくは管理上の利便性から，各フロアでの固定化された空間（パブリックスペース）を中心に介護サービスを提供し，目の届く範囲に入居者が生活する姿を予測することができる。このような入居者の重度化及び介護サービス提供場面の固定化が，介護職員の歩数量の増減に繋がっているものと考える。

一方，主に一部介助（一部寝たきり）を要する利用者の居るフロアでは，一見動きが少ないように思われがちであるが，入居者に応じた個々の介助が必要となり，その部分的な支援の蓄積が歩数量を増加させていると予測できる。また，多床型の施設構造から，居室までの動線は否が応でも長いものとなる。その結果，蓄積したニーズへの対応及び介護サービス提供における環境的な要因も相まって，歩数量の増加につながったものと考える。

運動強度については，当初歩数量と比例して歩数が多いほど運動強度も強まると予測していた。すなわち歩行数の多い2階の方が運動強度も強くなると予測（強度4，5を頂点とした労働の実態）していた。なぜなら，限られた時間内で業務を遂行することが求められる場合，介護労働量（運動強度）が凝縮するため，必然的に慌ただしい状態となり，その結果運動強度が強く現れることが推察されるためである。しかし，実際の運動強度は，歩数量の多少とは関係なく，一定の強度であった。その様相は，歩行量の異なるフロアの介護職員の運動強度が「強度2」を中心としているという特性を持つものであった。このことから，介護労働は一定の強度を持つ動き（負荷）で実行されている。これは，入居者の状態は違えども，食事・排泄・移動等，の定型化された業務での動きが反映していることが推察される。しかし，入居者の状態は介護労働のあり方を大きく左右することが予測できる。そのため，入居者の個別のニーズに，柔軟にかつ慌てず対応している介護職員の姿を推察することができる。つまり，入居者の状態に応じた動きを職員が判断し制御しているのではないだろうか。さらに関連する要因を加味した分析をすすめる必要があろう。

しかし，歩行量の多さ自体はやはり業務負担が強いという認識を持つ必要があろう。そのため，心身へ及ぼす負担を軽減するセルフケアを介護職員自身も意識する必要があろう。また施設側も，できうるサポート体制の充実を検討することが，重要な福利厚生として求められるであろう。

これらの結果から，フロアごとに入居者の状態に応じた勤務者数や，勤務時間・配置体制といった事柄についてもその検討の必要性を指し示すものといえるだろう。

【参考文献】

石田一紀『人間発達と介護労働』かもがわ出版　2012
上野千鶴子『ケアの社会学―当事者主権の福祉社会へ―』太田出版　2011
きんでん「無意識かつ非拘束なセンシングシステムによる見守り支援の実現」　平成20年度サービス研究センター基盤整備事業に係る適応実証委託事業　2010
熊谷信二・田井中秀嗣・宮島啓子ほか「高齢者介護施設における介護労働者の腰部負担」『産業衛生学雑誌』47（4）　2005
武田則昭・松本正富・齋藤芳徳ほか「高齢者施設における個別対応福祉用具導入が介護労働者の身体活動に与える影響」産業保健調査研究　2005
田辺毅彦・大久保幸積「ユニットケア環境整備の際の介護職員ストレス低減の試み―GHQを用いたストレスチェック―」『北星論集』51（2）　2008
林直子・林民夫『介護労働の実態と課題』平原出版　2011
マイケル・ポラニー著，伊藤敬三訳『暗黙知の次元―言語から非言語へ―』紀伊國屋書店　1980
松本正富・太田茂・齋藤芳徳ほか「高齢者居住施設における浴室環境の違いが介護労働に与える影響」『川崎医療福祉学会誌』17（2）　2008
吉田輝美『感情労働としての介護労働―介護サービス従事者の感情コントロール技術と精神的支援の方法―』旬報社　2014
六車由実『驚きの介護民族学』医学書院　2012
涌井忠昭「介護労働者の身体活動量，エネルギー消費量および生体負担」『産業衛生学雑誌』　2003

第7章

ユニット型施設における介護職員の歩数量及び運動強度からみた介護労働の実態
―日勤帯及び夜勤帯における比較検討―

Ⅰ．問題意識

　指定介護老人福祉施設をはじめとする高齢者の入所系施設では24時間切れ目のないサービスを提供することが求められている。そのため介護職員らはシフト制による勤務体制の労働環境に置かれている。介護労働安定センターが実施した2013年度の調査によれば，介護従事者の不安のひとつに夜間勤務があり，その理由として「何か起きた時への対応の不安（45.6％）」を挙げている。それは他の訪問系（13.9％），通所系（10.9％）のそれと比較しても高い状況にある[1]。また全労連介護・ヘルパーネットによる調査（2014）においても夜勤を辞めたい理由の上位に「長時間労働がつらい」「急変した利用者への対応が不安」が41.3％と同数で高い結果となっている[2]。このことから，日勤帯と同様に夜勤帯を含めた労働環境の整備が急務であることを示しているといえよう。

Ⅱ．研究の目的

　本章では，以下の点について検討する。まず，介護職員らの勤務時間内における身体活動状況の測定，それも日勤帯及び夜勤帯の異なる勤務下における介護職員の歩行状況の差異及び共通性の様相を明らかにすることである。そして，そのような状況が発生する要因を考察することである。

Ⅲ. 研究の方法

1. 調査施設の特性と勤務体制

A県C市に在るD指定介護老人福祉施設において実施。D施設はいわゆる「ユニット型施設)」として個室を中心とした介護体制をとっている。1ユニット10名の入居者が暮らし，2階〜4階それぞれに4ユニットずつあり，日勤帯は3名程度の介護職員が配置され，夜勤帯においては2ユニット20名をひとりの介護職員で対応することとなっている。なお，介護負担を均一化するという施設の方針から，ユニット毎に暮らす利用者の構成がなされている。

2. 調査方法

日勤帯及び夜勤帯の両データが確保されている職員3名を対象に，それぞれが勤務する2つのユニット毎の勤務時の，①歩数量，②運動強度の把握を日勤帯及び夜勤帯で収集した。ただし，夜勤帯においては2ユニットをひとりの介護職員で受け持つ体制となっていることからその労働状況を反映したデータ収集となっている。日勤帯は9時間の勤務，夜勤帯も基本9時間の勤務であるが，勤務時間を前後で超過している実態があることから，そのような勤務状況の実際を把握するという意図から，超過勤務分のデータを採用することとした（超過勤務SD3）。

3. データ分析の方法

データ収集の方法としてライフコーダ（スズケンEX版）を用いた。収集したデータについては専用解析ソフトにより出力した。それらデータについて，日勤帯と夜勤帯での労働状況（歩数量及び運動強度）の差（平均値）を算出し，職員それぞれ及び職員間における日勤帯及び夜勤帯の労働状況を検証した。

4. 調査対象者

調査対象者は，女性3名である。平均年齢は23.6歳，中堅（3年以上の勤務

経験者）1名（No.2）と新人（1年未満の勤務経験者）2名（No.3, No.7）である。

Ⅳ．研究結果

1．日勤帯及び夜勤帯における歩数量について

3名の職員それぞれの日勤帯及び夜勤帯における歩数量の差（平均値）について見てみると，No.2の職員は日勤帯の平均歩数は14,155.5歩（SD568.5），夜勤帯は14,728.6歩（SD2827.6）であり夜勤帯の方が573.1歩多く現れた。

またNo.3の職員は，日勤帯の平均歩数は8,681.6歩（SD2100.6），夜勤帯は9,788.5歩（SD2817.8）であり，夜勤帯の方が1,106.9歩多く現れた。

そしてNo.7の職員は，日勤帯の平均歩数は12,153.6歩（SD1392.0），夜勤帯は13,673.0歩（SD2504.2）であり，夜勤帯の方が1,519.4歩多く現れた。

これらの点について，クラスカル・ウォリス（Kruskal Wallis）の検定により，日勤帯及び夜勤帯での3者間の歩数量の差について検討したが有意差は確認されなかった。また3者それぞれについて日勤帯と夜勤帯の歩数量の差についてマン・ホイットニー（Mann-Whitney）のU検定により検討した結果，有意差は確認されなかった。

表7-1　介護職員の歩数量及び運動強度の平均　　（N=3）

職員	勤務帯	歩数	強度1	強度2	強度3	強度4	強度5	強度6	強度7	強度8	強度9
No.2	日勤	14,155.5	506.5	867.0	264.5	198.5	191.5	161.0	62.0	45.0	8.0
	SD	568.5	8.5	22.0	17.5	17.5	1.5	21.0	15.0	14.0	3.0
	夜勤	14,728.6	427.0	735.6	276.3	＊269.6	＊269.0	142.6	65.0	＊103.0	12.0
	SD	2827.6	72.1	155.1	36.3	8.0	19.2	21.7	26.8	25.4	0.0
No.3	日勤	8,681.6	400.3	718.0	173.3	146.0	36.6	22.6	2.0	1.0	0.0
	SD	2100.6	25.4	88.7	63.2	98.3	13.1	25.6	1.4	0.8	0.0
	夜勤	9,788.5	402.0	817.5	223.0	174.5	54.0	16.0	2.0	2.5	0.0
	SD	2817.8	30.0	52.5	12.0	16.5	38.0	4.0	1.0	1.5	0.0
No.7	日勤	12,153.6	511.0	869.3	223.0	194.6	180.3	61.3	＊20.6	＊11.6	1.0
	SD	1392.0	35.8	93.4	37.7	534.0	30.2	23.7	6.1	8.8	0.8
	夜勤	13,673.0	502.0	857.5	263.0	244.0	＊268.0	89.5	8.0	6.0	0.5
	SD	2504.2	53.0	71.5	44.0	83.0	47.0	37.5	4.0	1.0	0.5

注）＊印のある箇所は日勤帯と夜勤帯の間で標準偏差を超える値を示したものである

2. 日勤帯及び夜勤帯における運動強度について

表7-1に示した通り，運動強度については日勤帯と比べ夜勤帯において強度は強く出現する傾向が示された。その内訳について職員それぞれで見てみると，No.2の職員は強度3（+11.8回），4（+71.1回），5（+77.5回），7（+3.0回），9（+4.0回）といった速歩レベルの運動強度の値が多く出現しているという結果が示された。また他の者と比べ強度4，5，8が突出している点が特徴的である。そして強度1，2については日勤帯より夜勤帯が少ない結果となっているが，これは全体的に強度の強い状況に傾斜しているためといえる。

またNo.3の職員は強度2（+99.5回），3（+49.7回），4（+28.5回），5（+17.4回），8（+1.5回）といった歩行及び速歩レベルの運動強度の値が多く出現している。

そしてNo.7の職員は日勤帯より夜勤帯において強度3（+30.0回），4（+49.4回），5（+87.7回），6（+28.2回）といった，速歩レベルの運動強度の値が多く出現しているが，強度7及び8については，日勤帯の方に強い値を示しているという特徴があった。

このように歩数量と同様に，個人差を前提としつつも夜勤帯においては日勤帯より強い値を示したものの，日勤帯のそれの標準偏差内もしくはそれに近い値を示している傾向があることから一概に運動強度の強さを規定するものではない。このことから，日勤帯と同様もしくはそれを超える身体的負荷がかかっている傾向が確認できた。

また図7-1～7-3のように日勤帯及び夜勤帯の運動強度の平均値の差について，その様相を確認するためグラフ化した。介護職員によってバラつきがあり，また夜勤帯に強い運動強度の値を示しているものの，「強度2」を頂点として「へ」の字に曲線を描いており，これは仲田ら（2015）の結果と同様な特徴を示すものであった。

V. 考 察

一般的に夜勤帯は，利用者にとっては就寝という時間帯であることから，非

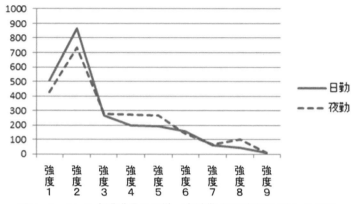

図7-1　No.2介護職員の日勤・夜勤帯 運動強度平均値（回数）

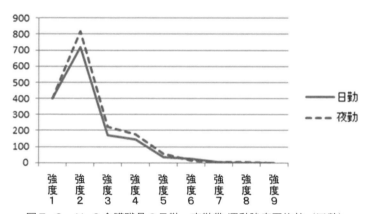

図7-2　No.3介護職員の日勤・夜勤帯 運動強度平均値（回数）

活動的な状態にあるといえる。そうであるならば，入居者のニーズは活動的な日勤帯と比べ少なく，限定的なものとなることが予測されることから，それに比例して夜勤帯では介護職員の歩数量及び運動強度は抑えられたものとして現れるだろう。しかし，今回の調査結果から，介護労働の実態として特徴的であったことは，職員それぞれ個人差のあることを前提としつつも，日勤帯より夜勤帯において歩数量は多く，そして運動強度は強い頻度で現れるという共通の傾向が確認されたということである。しかし，先に述べた検定結果からは有

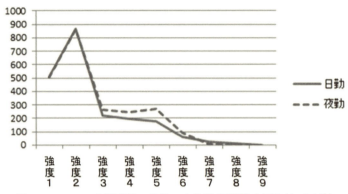

図7-3　No.7 介護職員の日勤・夜勤帯 運動強度平均値（回数）

意差は確認されなかったことから，日勤帯と同レベルの歩数量であるといえる。

また運動強度においては「強度2」を中心としつつ，より強い強度での労働（強度3〜9について夜勤帯は多く出現）で実施されている。これは，速歩及びジョギング程度の運動強度のもとに実施されていることを意味するものである。ただし，それぞれの日勤帯の標準偏差（バラつき）内，もしくはそれに近い値を示す傾向があったことから歩数量と同様に日勤帯と同レベルの強度であるといえる。また，No.2のように夜勤帯の運動強度4, 5が突出し，No.7の日勤帯の運動強度7, 8が夜勤帯より強く現れたりするように，個人差が存在する結果を示しているといえる。

これらのことから，夜勤帯は就寝の時間帯であり，入居者のニーズの量と内容が限定的なため，それに伴い介護業務も特定されることが予測され，個人差を前提としつつも，顕著な歩数量及び運動強度の増加とはならなかったとも考えることができる。しかし様々なニーズや業務をこなしていく日勤帯と同様の労働状況であることは，それ自体ですでに身体的負担があるものと捉えることもできる。よって，利用者の安眠を支える上で介護職員らが個別なニーズに対応している姿があることが予測され，そのために一定の労働負担が介護職員にかかっているといえる。つまり夜勤帯においても入居者の個別なニーズは存在

し，迅速かつ柔軟な対応が求められているということである。

　その際，経験年数による身体的負担の増減という観点で捉えると，1年未満の職員（No.3及びNo.7の職員）より，3年以上の経験のある職員（No.2の職員）の方に，より歩数量及び運動強度が強く現れている実態があった。これは先の仲田らの研究（2011）において新人職員は未熟練であることから歩数量が多く，他方，中堅職員は経験を積むことで無駄な動きが減少し，歩数量は少ないものと予測していたが，実際には新人・中堅職員間では歩数量に有意な差は確認されなかった。しかし，本研究で確認されたような中堅職員の歩数量及び運動強度が新人職員よりも強く現れている現状から，実は経験年数をより重ねることで，入居者のニーズを迅速に察知し，柔軟に対応することが可能となり，その結果，歩数量及び運動強度の増加につながっているものと予測できる。今回，その予測を支持する可能性が得られたのではないかと考えることができる。ただし，それがこの職員の個別な働き方（動き方）によるものなのか，またはその日の入居者の状態が反映された介護労働の実際であるのか，という他の複数の要因との関連をふまえた検証が今後必要となり，課題である。

　さらに，夜勤帯では所属しているユニットと隣接する他ユニットを併せて，1名の職員により受け持つ体制がとられている。そのため，個別なニーズに迅速かつ柔軟に対応しようとすれば，それは当然職員の動線の増減に影響を及ぼし，歩数量及び運動強度を強くする要因が絶えず存在していることを認識しておく必要があるだろう。例えば，入居者の急な体調の変化等の突発的な出来事が起こった際には，歩数量や運動強度に影響を与えることが予測できるだろう。

　そして，今回の調査において，日勤帯と夜勤帯の時間が同一（量）の中での結果であったが，多くの施設においては，夜勤帯といった時に，2日分の労働時間（例えば17時間勤務，内，2時間の休憩）によって勤務が組まれている。そのような場合においては，必然的に歩数量及び運動強度の膨大な増加となっていくことから，介護労働は負担の大きなものとなる。それを示すデータとして，従来型の施設において確認された，ある特定された日の夜勤帯での歩数量と運

動強度の実際が以下のものである（表7-2参照）。歩数量は29,275歩であり，先に示した3名のうち，最も歩数の多く出現したNo.2の職員の夜勤帯における歩数（平均）14,728.6歩（SD2827.6）と比較しても，おおよそ2倍の歩数量が確認できる。このように，労働時間の長さは歩数量とも比例する傾向を示すものであると推察できる。そして図7-4のように運動強度をグラフ化したものを見ると，先の3名に共通して見られた，強度2を頂点とした「へ」の字の曲線を描くものではなく，強度2は頂点としつつも，強度4（速歩レベル）の値が多く出現した様相を示している。このことから，長時間化する夜勤帯での身体的な負担は強いことを窺い知るものであろう。ただし，調査結果の精度の差（従来型の施設職員は特定の1回分の夜勤帯の動きであり，平均値が算出されていないデータであること）があることから，この点についてもさらに精度を高めた調査を進める必要があるものと言える。

　また，介護労働は，他（多）職種との連携そして協働によってなされることが大きな特徴であり，そのような体制で業務を遂行していく。しかし，今回の調査対象のユニット型施設において夜勤帯では，その責任をひとりで担い，

表7-2　従来型施設職員の夜勤帯（17時間）の運動強度（回数）

強度1	強度2	強度3	強度4	強度5	強度6	強度7	強度8	強度9
925	1794	684	1007	423	77	46	9	0

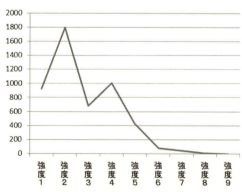

図7-4　従来型施設職員の夜勤帯（17時間）の運動強度（回数）

様々な状況を個別に判断し，行動しなくてはならない状況にあった。それは職員の不安感や孤独感を抱かせる要素となることが予測できる。つまり身体的な過負担と相まって，特に夜勤帯においては精神的な負担感をより強くする要素を併せ持った労働の実情があるという認識をしなくてはならないということである。このような労働条件下では，長く腰を据えて介護を仕事として継続させることを困難なものとしてしまうであろう。

注
1） 介護労働安定センター「平成25年度介護労働実態調査結果について」2014 pp.1-11。
2） 全労連介護・ヘルパーネット「介護施設で働く労働者のアンケート調査（中間報告）」2014．http://www.zenroren.gr.jp/jp/data/2014/140424_01.pdf　2016年10月5日閲覧。

【参考文献】
浅野仁・田中荘司編著『明日の高齢者ケア No.5 日本の施設ケア』中央法規　1993
石川奈津子『特別養護老人ホームの夜』築地書館　1995
上田智子・仲田勝美・志水暎子「介護の生活環境における唾液アミラーゼ活性によるストレス測定に関する研究」環境経営研究所年報第10号　2011
小笠原祐次・蛯江紀雄編著『明日の高齢者ケア No.6 ロングタームケア』中央法規　1994
小笠原祐次『生活の場としての老人ホーム』中央法規　1999
高口光子『ユニットケアという幻想―介護の中身こそ問われている―』雲母書房　2004
田中康雄「老人福祉施設職員の生化学的・心理的ストレス反応に及ぼす静的ストレッチングの影響と職業的ストレス要因との関連性」『人間関係学研究』20（1）2015
外山義『クリッパンの老人たち―スウェーデンの高齢者ケア―』ドメス出版　1999
外山義監修『個室・ユニットケアで介護が変わる』中央法規　2003
外山義・辻哲夫・大熊由紀子ほか『ユニットケアのすすめ』筒井書房　2000
仲田勝美・上田智子「介護職員の歩数量及び運動強度からみた施設介護労働の実態―状態の異なる入所者で構成されるフロアにおける比較―」『地域協働研究』1　2015

第8章

ユニット型施設における介護職員の業務内容及び運動強度との関連からみた介護労働の実態

I. 研究の目的

　本研究では，上述してきた研究結果と仮説をふまえ，さらに以下の点について検討する。まず，介護職員らの勤務時間内における業務内容について自計式タイムスタディ調査により，その特性を明らかにすることである。そして身体活動状況の測定結果として運動強度を採用し，介護業務との関連から，どの業務において，より強い強度を示しているのか，その把握を試みることである。また，「強度2」を中心とした介護労働の意味を探り，その特性を詳細に示すことである。

II. 研究の方法

1. 調査施設の特性と勤務体制

　第7章と同一の施設であり，詳細は先の章に委ねる。

2. 調査方法

（1） 運動強度のデータについて

　日勤帯における運動強度のデータが確保されている介護職員7名の内，3日以上のデータを得られ，平均値の確保できる職員5名を対象とした。勤務時間は9時間（うち休憩1時間）であるが，勤務時間を超過している実態があるこ

とから，そのような勤務状況の実際を把握するという意図から，超過勤務分のデータを採用することとした（超過勤務60分）。

（2）自計式タイムスタディについて

同時に自計式タイムスタディ法による調査を実施した。測定は介護職員本人に10分間隔の業務内容について，筆者が用意した時間軸を示した用紙に，業務コード表（筆者作成）をもとに，実施した業務内容の記載を依頼した。また10分内で業務が変わる場合は，5分間隔での記載を依頼した。また，この条件を満たしていない欠損の多いデータ（1名分）は採用できないことから除外した。

（3）両調査結果をふまえて

上述したようなデータの整理をふまえた結果，両調査結果が十分に確保された4名を最終的な対象者として採用した。

3．データ分析の方法

データ収集の方法として，ライフコーダ（スズケンEX版）を用いた。収集したデータについては専用解析ソフトにより出力した。運動強度について，グラフ化された日内変動の状態を示した「ライフコーダレポート」に，自計式タイムスタディ調査で得た業務内容を時系列に転記し，Excel上で同一表に落とし込み，運動強度と業務内容の日内変動の様相を把握するように努めた。ただし，10分ないし5分間隔の業務内容の把握であることから，運動強度との関連においては，その業務範囲内における運動強度の強弱と幅を持った形で，業務内容との関連を捉えることとした。

なお，ライフコーダレポートは2分間で最も多く出現した強度（最頻値）が表記されている（4秒1カウント×30回分の値）ことを断っておく。

また自計式タイムスタディ調査で得たデータについて，介護職員それぞれの業務内容ごとに集計・算出した。そして得られた結果を4名の介護職員間での

比較を行うことで，業務内容の個別性及び共通性を明らかとした。

4．調査対象者

　調査対象者は，女性4名である。平均年齢は22.75歳，新人（1年未満の勤務経験者）2名（No.4, No.5）と中堅（3年以上の勤務経験者）2名（No.1, No.3,）である。

Ⅲ．調査結果（表8-1，図表8-1〜8-4参照）

　まず，自計式タイムスタディによって得られた4名の介護職員の業務内容についてその結果を示すこととする。

1．業務内容の比較（表8-1参照）

　4名の介護職員らの運動強度において，平均的な値を示していた日の業務内容はどのようなものであったかを見ていくと，以下のような様相を示すものであった。

（1）介護職員らの出現頻度の高い5大業務内容について

　4名の介護職員らの業務内容を総合的に見ていくと，5大介護業務内容として挙がってきたものは，①トイレ介助（合計320分，平均80分，SD50.4），②記録（合計240分，平均60分，SD49.6），③移動介助（合計190分，平均47.5分，SD33.2），④食事の準備・片づけ（合計190分，平均47.5分，SD39.2），⑤食事介助（合計170分，平均42.5分，SD6.4）であった。

（2）介護職員それぞれの出現頻度の高い業務内容について

　次に，介護職員それぞれがこなす業務内容を個別に見ていくと以下のような特性が確認できた。

　まず，No.1の介護職員の業務内容の特性として，その出現頻度の高い業務は，①トイレ介助（140分），②移動介助（95分），③食事の準備片づけ（55分），

表8-1 介護職員の業務内容における勤務時間の合計と業務内容ごとの合計と平均値

No.	業務内容／職員	No.1	No.3	No.4	No.5	業務ごと合計(分)	平均値(分)	SD
1	記録	10	80	120	30	240	60	49.6
2	申し送り	10	30	10	20	70	17.5	9.5
3	カンファレンス	0	0	10	0	10	2.5	5.0
4	移動介助	95	30	45	20	190	47.5	33.2
5	体位変換	10	0	0	0	10	2.5	5.0
6	臥床介助	5	0	0	0	5	1.25	2.5
7	トイレ介助	140	55	25	100	320	80	50.4
8	オムツ交換	0	0	0	30	30	7.5	15.0
9	食事介助	50	45	35	40	170	42.5	6.4
10	水分補給	0	10	30	30	70	17.5	15.0
11	入浴介助	0	40	10	30	80	20	18.2
12	着脱介助	0	60	25	50	135	33.75	26.8
13	口腔ケア	20	0	20	50	90	22.5	20.6
14	整容	0	20	0	0	20	5	10.0
15	準備・片づけ食事	55	95	40	0	190	47.5	39.2
16	準備・片づけ排泄	0	0	0	20	20	5	10.0
17	準備・片づけ入浴	0	60	50	30	140	35	26.4
18	片づけゴミ	0	0	0	10	10	2.5	5.0
19	片づけその他	0	40	10	30	80	20	18.2
20	そうじ	10	0	20	0	30	7.5	9.5
21	利用者と会話	5	0	20	30	55	13.75	13.7
22	会話職員	0	0	30	0	30	7.5	15.0
23	会話家族	10	0	0	0	10	2.5	5.0
24	胃ろう対応	0	0	0	30	30	7.5	15.0
25	吸引	30	5	0	0	35	8.75	14.3
26	検温	20	0	0	0	20	5	10.0
27	体重測定	5	0	0	0	5	1.25	2.5
28	巡視	15	0	0	0	15	3.75	7.5
29	休憩	0	10	40	40	90	22.5	20.6
30	移動本人	40	20	0	0	60	15	19.1
31	その他（不明）	0	0	0	10	10	2.5	5.0
32	不明（欠損）	10	0	10	0	20	5	5.7
	合計（分）	540	600	550	600			

(N=4)

④食事介助（50分），⑤本人の移動（40分）という結果であった。

No.3の介護職員の業務内容の特性として，その出現頻度の高い業務は，①食事の準備・片づけ（95分），②記録（80分），③着脱介助（60分），④入浴の準備・片づけ（60分），⑤トイレ介助（55分）という結果であった。

No.4の介護職員の業務内容の特性として，その出現頻度の高い業務は，①記録（120分），②入浴の準備・片づけ（50分），③移動介助（45分），④食事の準備・片づけ（40分），⑤食事介助（35分）という結果であった（休憩時間の40分は除く）。

No.5の介護職員の業務内容の特性として，その出現頻度の高い業務は，①トイレ介助（100分），②着脱介助（50分），③口腔ケア（50分），④食事介助（40分）であり，以下⑤として，記録，オムツ交換，水分補給，入浴介助，入浴の準備・片づけ，片づけ（その他），利用者との会話，胃ろう対応，が同時間（30分）で挙がっているという結果であった（休憩時間の40分は除く）。

2．介護職員の歩数及び運動強度の出現頻度について（表8-2参照）

No.1の介護職員の特徴として，歩数は6,177歩あり，強度1（293回），強度2（521回），強度3（89回），強度4（59回），強度5（0回），強度6（45回），強度7（29回），強度8（1回），強度9（0回）の出現頻度が確認された。

No.3の職員の特徴として，歩数は7,524歩あり，強度1（436回），強度2（635回），強度3（159回），強度4（81回），強度5（30回），強度6（5回），強度7（1回），強度8（0回），強度9（0回）の出現頻度が確認された。

No.4の介護職員の特徴として，歩数は12,222歩あり，強度1（405回），強度2（740回），強度3（267回），強度4（238回），強度5（317回），強度6（45回），強度7（14回），強度8（7回），強度9（1回）の出現頻度が確認された。

No.5の介護職員の特徴として，歩数は11,757歩あり，強度1（485回），強度2（788回），強度3（250回），強度4（214回），強度5（146回），強度6（94回），強度7（6回），強度8（0回），強度9（0回）の出現頻度が確認された。

この結果から，歩数及び運動強度の出現頻度は，個人差を有しつつ，「強度

表8-2　介護職員の歩数及び運動強度出現頻度　（N=4）

職員	測定日	歩数	運動強度（回）								
			強度1	強度2	強度3	強度4	強度5	強度6	強度7	強度8	強度9
No.1	11月7日	6,177	293	521	89	59	0	45	29	1	0
No.3	11月10日	7,524	436	635	159	81	30	5	1	0	0
No.4	11月7日	12,222	405	740	267	238	317	45	14	7	1
No.5	11月10日	11,757	485	788	250	214	146	94	6	0	0

2」を中心とした運動強度の出現が確認された。

3．業務内容と運動強度の関連（図8-1～8-4参照）

　では，それら業務内容と運動強度との関連はどのようなものであったのか，その結果を示すこととする。なお，5分ごとの業務については⑤と記載してある。

（1）　No.1の職員の特性

　2分間隔で最も頻度が多く現れた運動強度は「強度7」であり，15時56分と16時02分の2回出現している。その時間帯の業務は「不明」と「移動介助」であった。他には18時36分（移動介助：「強度6」）の計1回出現した。

　また，時系列に運動強度を見ると，「強度2」を中心としつつ，かつ継続的にその強度が保持され業務が展開されている。そして，強度2以上の強度を持つ状況が，不規則ではあるが，一定量表出している特徴もあった。

　業務を時系列で見ると，一定の業務を継続して行っている。例えば，14時台においては「トイレ介助」の業務が60分間継続して行われている。また，そのような特徴と合わせて，業務が次々と入れ替わり実施されている状況が確認できる。例えば，16時台のように，「移動介助」→「食事介助」→「臥床介助」→「移動介助」→「食事介助」→「吸引」→「トイレ介助」→「食事介助」，というように，次々と業務が入れ替わっていることが確認できる。

第8章 ユニット型施設における介護職員の業務内容及び運動強度との関連からみた介護労働の実態　103

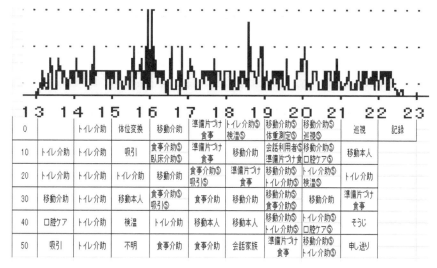

図8-1　No.1の介護職員の時系列で見た運動強度と業務の推移

（2）No.3の職員の特性

2分間隔で最も頻度が多く現れた運動強度は「強度6」であり，13時02分に1回出現している。その時間帯の業務は，①「食事介助」と「吸引」の時間帯であった。他には，「強度5」が7時54分（準備・片づけその他），8時38分（移動介助・トイレ介助），11時04分（移動本人），12時16分（準備・片づけ食事）の計4回出現した。

また，時系列に運動強度を見ると，「強度2」を中心としつつ，かつ継続的にその強度が保持され業務が展開されている。そして，強度2以上の強度を持つ状況が，不規則ではあるが，一定量表出している特徴もあった。

業務を時系列で見ると，一定の業務を継続して行っている。例えば，11時台においては「記録」の業務が40分間継続して行われている。また，そのような特徴と合わせて，業務が次々と入れ替わり実施されている状況が確認できる。例えば，9時台のように，「トイレ介助」→「着脱介助」→「準備・片づけ食事」→「トイレ介助」→「着脱介助」→「準備・片づけ食事」，というように，次々と業務が入れ替わっていることが確認できる。

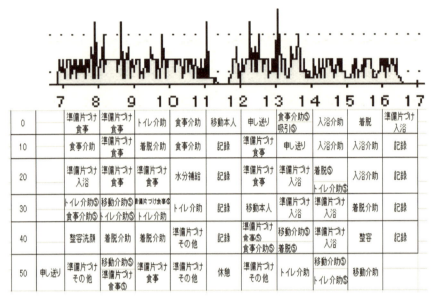

図8-2 No.3の介護職員の時系列で見た運動強度と業務の推移

(3) No.4 の職員の特性

　2分間隔で最も頻度が多く現れた運動強度は「強度7」であり，16時14分に1回であるが「休憩」の時間であるため，それ以外の業務としてカウントできるものとして，「強度6」が，21時44分と22時08分の2回出現している。その時間帯の業務は，①「そうじ」と，②「カンファレンス」の時間帯であった。他には「強度5」が，13時56分（食事介助），13時58分（食事介助），14時22分（水分補給），14時46分（準備片づけ食事），15時12分（食事介助），15時36分（準備片づけ入浴），16時06分（記録），16時10分（休憩），16時58分（会話利用者），17時14分（移動介助），18時12分（移動介助），18時54分（準備片づけ入浴），19時02分（入浴介助），19時16分（着脱介助），19時52分（移動介助），20時04分（準備片づけ食事），20時34分（記録），20時40分（準備片づけその他），20時42分（準備片づけその他），20時52分（準備片づけ入浴），20時54分（準備片づけ入浴），21時40分（掃除），21時42分（掃除），であり，

第8章 ユニット型施設における介護職員の業務内容及び運動強度との関連からみた介護労働の実態　105

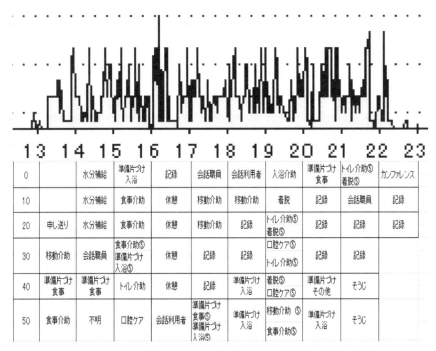

図8-3　No.4の介護職員の時系列で見た運動強度と業務の推移

計23回出現している。

　このように、「強度5・6」が他の職員の中でも最も頻繁に出現している特徴が確認された。

　また、時系列に運動強度を見ると、「強度2」を中心としつつ、かつ継続的にその強度が保持され業務が展開されているが、他の職員と比べ、強度2以上の強度を持つ状況が、とりわけ「強度5」が、より多く出現している。その出現状況は、各業務時間内にみられてはいるが、規則性があるとは言えない様相である。

　業務を時系列でみると、一定の業務を継続して行っている。例えば、14時台においては「水分補給」の業務が30分間継続して行われている。また、そのような特徴と合わせて、業務が次々と入れ替わり実施されている状況が確認

できる。例えば、19時台のように、「入浴介助」→「着脱介助」→「トイレ介助」→「着脱介助」→「口腔ケア」→「トイレ介助」→「着脱介助」→「口腔ケア」→「移動介助」→「食事介助」、というように、次々と業務が入れ替わっていることが確認できる。

(4) No.5の職員の特性

2分間隔で最も頻度が多く現れた運動強度は「強度6」であり、7時00分と8時06分、10時16分、10時28分、11時14分、12時18分、12時54分、16時30分の8回出現している。その時間帯の業務は7時00分(移動介助)、8時06分(胃ろう対応)、10時16分(オムツ交換)、10時28分(着脱介助)、11時14分(胃ろう対応)、12時18分(水分補給)、12時54分(食事介助)、16時30分(片づけゴミ)であった。他には「強度5」が、8時04分(胃ろう対応)、8時52分(会話利用者)、8時54分(利用者と会話)、11時28分(休憩)、12時50分(食事介助)、16時26分(記録)、の計6回出現した。

このように、「強度5・6」が他の職員とは異なる頻度で出現している特徴が確認された。

また、時系列に運動強度をみると、「強度2」を中心としつつ、かつ継続的

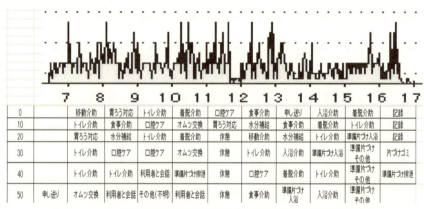

図8-4　No.5の介護職員の時系列で見た運動強度と業務の推移

にその強度が保持され業務が展開されている。そして，強度2以上の強度を持つ状況が，不規則ではあるが，一定量表出している特徴もあった。

業務を時系列でみると，一定の業務を継続して行っている。例えば，15時台の「準備片づけその他」の業務が30分間，また16時台においては「記録」の業務が30分間継続して行われている。また，そのような特徴と合わせて，業務が次々と入れ替わり実施されている状況が確認できる。例えば，12時台のように，「食事介助」→「水分補給」→「移動介助」→「トイレ介助」→「口腔ケア」→「食事介助」，というように，次々と業務が入れ替わっていることが確認できる。

Ⅳ. 考 察

1. 業務との関連から

4名の業務内容を見ると，それは5つの業務（①トイレ介助，②記録，③移動介助，④食事の準備・片づけ，⑤食事介助）であることが確認された。その中でも食事介助においてはSD6.4と最もバラつきが少ないことから，4名の介護職員にとって頻度が高く，共通して行う業務であると言える。そして，これら業務は，生活の基本となる活動や，それに伴う身辺の介助に，多くの時間を費やしているという特徴を持っていた。これらは，すでに多くの先行研究において共通の結果が示されており，本研究において得られた結果も妥当性があるものと認識できる。また，業務に関連する「準備・片づけ」に多くに時間を費やしている状況も確認できた。その時間は，ある特定の業務に関連している時間（例えば食事介助に関連する準備・片づけ）でもあることから，特定の業務がさらにまとまった時間のもとで実施されている状況が推察される。

一方，それぞれの業務内容に目を向けると，そこに費やされる時間（量）に差があることが確認されているが，それはその日に遂行すべき業務における役割の差異によって生じるものであろう。つまり，「日課」によって介護業務が編成されていることを表すものと言えるだろう。

そして，業務の実施状況においては，4名の結果からみえてくることとして，

同一業務が，ある一定の時間量を持ち，まとまって実施されているということ，また業務が次々と入れ替わり実施されている，という共通性があった。そして，それら業務における運動強度の強い状況は，それぞれによって異なった業務において出現しており，個別の業務を遂行する固有の動き方の特徴や，入居者の状態に応じて，強度の出現頻度やパターンが異なることが推察される。例えば，No.4の職員が他の者と比べ「強度3」以上の状態が頻繁にあったことや，「記録」の時間帯において強い強度を示していることから，個別の動き方の特性や，何か入居者への急な対応が求められた状況が予測できる。これらのことから，介護職員は単に「業務をこなしている」のではなく，入居者の状態や，求められている役割を予見しつつ，対応することが求められ，また実施していると言えるだろう。その意味では非常に的確な状況判断を，即時的に行いつつ業務を遂行しなくてはならない状況が常態化していると言える。

また「業務に追われる」という表現で語られることがあるように，複数の業務が次々と入れ替わり実施される状況に，対応することの困難さが表された状況を示すものと捉えることができる。

また，入居者とのコミュニケーションの時間が十分にとれているとは言い難い実情もあるようだ。この点は，業務を遂行しつつ同時進行でなされていることが推察される。それは，会話というコミュニケーションレベルのものから，介護を行う際の確認といった意思の疎通レベルのものまであると思われる。一般的に膝をつき合わせたかかわり合いの希薄化は業務との関連があると認識される。ここで問題なのは，入居者の生活ニーズが十分に把握されない状況が生じてしまうことである。この点は先の章において，入居者の生活状況の実際と，介護職員らが認識している姿にズレが生じていることが，入居者へ悪影響を及ぼしていることを示した。このことからも，まとまった時間の確保と，意図を持ったかかわり合いを検討する必要があるだろう。今回の調査結果からも，その必要性を示していると捉えることができるだろう。

2．「強度2」を中心とした介護労働の持つ意味

　本研究を通して，筆者は介護労働において出現する運動強度は「強度2」を中心としている点に着目していた。その数値が連なる介護労働の実情の意味するところは一体何であるのかということである。運動強度の強く出現する場面をみると，特定の介護業務においてではなく，それぞれの介護職員が遂行する「不特定の業務内」の中で不規則に出現していた。これは業務内において，生じた「移動」を伴う状況の中で発生しているということを推察するに至った。つまり，強い運動強度は介護労働の全体を示すものではなく，「非常に限られた部分的なもの」であるということから，そこに負担感の強さを求めることは適切ではないのではないか，という認識である。その認識は，より一層，運動強度の弱い状況が連なる中で展開される介護労働の実情の意味を強く意識し，探ることの必要性に至った。この点について，以下のように考えられるのではないだろうか。

　それは，運動強度が強い（強度7～9）＝身体負担や疲労度が強いとばかりいうのではなく，運動強度の弱い（強度1・2）という状態が途切れなく，続けざまに繰り返される状態において，実は身体負担や疲労度をためやすい状況があるという捉え方ができるのではないかという点である（この点についてはスズケンのライフコーダを専門に取り扱う者からも指摘を受けている）。それは，運動強度が強いことが繰り返されることの負担という側面と，今回の調査結果として示された「強度2」を中心とした，運動強度としては弱いとされる強度が，絶えず継続されることに，負担の強さが潜んでいるという複眼で捉えることの必要性である。

　すると，以下のように推察（解釈）することができる。それは，①絶え間なく続く弱い運動強度は，実は負担を伴っている状態を意味しているということ。またタイムスタディ調査で得た，時系列でみた業務との関連をふまえると，②複雑かつ多様な業務を遂行する状況があるということ。これら複数の要素を組み合わせて介護労働を捉えると，③介護職員らの業務における身体的負担は強い状態であると推察することができるということ。また先に示したように，

④歩行状態において，腰部負担の強い姿勢が介護労働時間の多くを占めている実情も合わせて考える必要があるということ。つまり，細かい動きの集積を絶え間なく継続し，その際の姿勢は，腰部をはじめ身体負担の強い姿勢を保持しつつ（余儀なくされ）行われ，かつその業務内容は複雑かつ多様であり，休憩を十分にとることがままならないという状況が一層負担を強めること。またそこには，⑤重度化する入居者の個別な生活ニーズを捉えつつ，一人ひとりに合わせた援助が展開されていることが推察できるということ。そのため，⑥個別の入居者の状態を把握し，即時的な判断が求められることから，次々に業務を転換しつつ実施されているということ。このような複数の要素を加味した着地点に，高齢者施設における介護労働（業務）の特徴を確認できる。つまり，⑦重度化及び個別化に向けた対応という現代の高齢者施設に求められる要件を満たそうと介護職員らが，真摯に取り組めば取り組むほど，このような状況がさらに強化されていってしまうという，非常に強い葛藤を抱かざるを得ない介護職員らの思いがあるということ。これらの状況も合わせて認識しなくてはならないのではないだろうか。このような悪循環な状況を国レベルで解決する施策を講じなければ，施設介護の現場はさらに疲弊していってしまうであろう。

【参考文献】

井川淳史「知的障害者の高齢化に伴う生活の変容と課題―知的障害者の生活実態における史的検討を通して―」『花園大学人文学部研究紀要』13　2011

釜野鉄平・田中康雄・丸谷充子他「特別養護老人ホームが生活の場として機能するための課題について―介護実践内容の比較分析より―」『地域福祉サイエンス』（1）　2014

後藤真澄・若松利昭「介護老人保健施設利用者の生活活動とケアの特徴― 施設ケアのあらたな課題―」『介護福祉学』11（1）　2004

佐藤博樹・矢島洋子『新版・介護離職から職員を守る―ワーク・ライフ・バランスの新課題―』 労働調査会　2018

永野典詞「利用者ニーズの捉え方とケア実践の過程について」『中九州短期大学論叢』33（1）　2010

西尾孝司『介護福祉援助の原理と方法』 みらい　2015

濱島淑恵・髙木和美・芦田麗子「看護・介護労働者の労働・健康・生活上の問題に

関する聞き取り調査報告」『日本医療経済学会会報』30（1）　2013
三好明夫「高齢者支援を行う介護職員にとって必要なソーシャルワーク・スーパービジョンの担い手であるスーパーバイザーの現状と課題」『地域福祉サイエンス』（3）　2016
三浦研・川越雅弘・孔相権「要介護度および施設種別からみた歩行・移動に関する実態とその環境整備に関する基礎的研究―同一地域におけるアンケート調査から―」『生活科学研究誌』6　2007
三好禎之・仲田勝美・井川淳史「介護計画立案時における介護職員の判断基準に関する研究（1）―B指定介護老人福祉施設の介護計画にみる実態調査―」『名古屋柳城短期大学研究紀要』25　2003

第Ⅲ部

総合考察

第9章

高齢者施設介護への視座

Ⅰ．施設入居者を尊厳のある存在として理解するために

1．介護の必要度を優先した入居の課題

　長い施設介護実践の歴史の中で，重度化する入居者への対応は大きな課題として認識されていた。その様相は老化に伴い，徐々に進行する機能低下にどう対応すべきか，というものであった。しかし現在，施設入所の条件が重度化している状況を前提としたものとなっていることから，これまでに議論されてきたものとは質的な相違が伴った課題であると考えることができる。つまり，現代の高齢者施設においては，先にみてきたように，施設入所の判断基準は，「介護の必要度」という基準に基づいた入所判断によって実施されている。そのため「介護が必要となった理由」は把握されていても，「どのような介護が必要か」を吟味する上での「入居者理解」が十分に深まっていない状況がある。

　そして優先入所基準によって，施設入居者の重度化，意思疎通の困難さが際だってくることからも，今後の入居者の特性や取り巻く環境等を考えると，入居者理解を深めていくために必要な情報の収集が困難な状況が一般化してくるであろう。そのため，施設における介護職員らの対応は，非常に困難さを伴うであろう。施設において介護を実施する上で，入居者を介護行為の対象としてだけでなく，ひとりの個別な歴史を有した，尊厳のある存在として認識することは欠けてはならない重要な事柄である。

このことを筆者は重く受け止めており，それは2つの側面から捉えることができるものと考えている。

2．入居者の様々な状況や思いに基づく施設入所へ制度を転換すべきである

まず，制度・政策の枠組みという構造的な問題に起因するものである。そもそも介護保険制度においては「利用者の自由な選択」が保障されているにもかかわらず，実際は，介護の必要性から導き出された優先順位を入居の際の条件としていることである。これは本来の介護保険制度の理念から逆行する方針であり，またこの方針に基づくことは，同様の要介護状態にある入居者を，一律に管理するシステムづくりであり，またその実施である。高齢者施設においては，先人らによって，生活を柱とした運営とその質を担保すべく，個別性に留意した介護が行われてきた歴史を有している。その意義は大きく，現在の施設においても継承されてきた遺産である。しかし重度化する入居者だけで構成される施設は，より医療依存度の高い包括的なケアを提供することが求められ，それは，生活の場として機能していた施設が，療養の場へと変容することを意味している。それは，施設が生活の場として機能することの現実的な困難さに繋がってしまうのではないだろうか。

このことから筆者は，介護の必要度ばかりに終始する入居者構成ではなく，入居する人の様々な状況や思いにもとづいた施設利用が可能となる施設入所のあり方を検討することが，本来の介護保険制度の理念を保持し，また生活の場として機能してきた歴史を重んじ，継承しうる状況をつくりあげていくことができるのではないかと考えている。そのような方向へ制度の枠組みを再構築すべきであることを提言したい。

3．「生活史」を重視した施設介護のあり方が必要である

次に，介護の必要性により施設入所が判断される，現行の制度の方針に引きずられる形で，実際の高齢者施設においても，入居者に向けられるまなざしは，とりわけ介護を要する人という認識をもとに，その対象としての理解に傾斜し

ている。そのため，入居者の身体・精神的な側面，それもとりわけ認知症の症状や医療依存度の状態に着目しており，個別な歴史を有した存在としてみる視点が欠落する向きがある。そのそもそもの原因は，第2章においても示したように，介護の必要度（優先性）を共通の認識として入所判定に臨んでいることにある。そのプロセスを見ると，入所判断にかかわる職員らは，誠実に基準に基づき，受け入れの可否を検討していた。しかし，その先にある，入居者の実際の施設生活において，尊厳のある存在としての認識を介護職員らが持ち，支援にあたることは困難であると考えられる。何故なら，入所時点において重要視されているのは介護の必要度，それも緊急性の高いケースを優先的に受け入れる基準によるものであるためである。しかし，入所判定において求められるのは，入居者理解が深まる情報として「生活史」の聴収に努めることではないだろうか。生活史について，中野（1977）は「ひとりひとりの人間に生きぬいてきた生活の歴史が，それゆえにひとりひとりの世界を創り，それら無数の世界との接触，融合と反発がよくもあしくも，人間の世界全体をつくってきた」[1)]と説明しており，野本（1993）は「ひとりひとりの『生』の総和として成り立っている」[2)]としている。このように，生の総和として一人ひとりの歴史が，個別な意味を有していると同時に，個々の歴史が実は社会を築いているという，社会的な意味合いを持ち合わせるものであることの認識を示している。また立花（2015）は「日本人の歴史は，その国民の個人史の集合体である」[3)]と論じており，中野や野本の認識にも通じる内容を包含した意味合いを持つと言えるだろう。

　これらの意味を有する「生活史」は，重度化する入居者を尊厳のある存在として認識するために必要不可欠であるということを意味するのではないか。また，入所後の施設生活の場面においても介護職員は継続して「生活史」を把握するかかわりをすべきであろう。何故なら介護は協働や連携をもとにチームで展開される特性を持つことからも，情報の共有化また認識の共有作業が必要となる。そして介護職員は，「生活史」から得た情報を通じて，介護サービス提供の際の判断材料とし，入居者理解及び生活の継続性を吟味することができる

からである。そのための方法としては施設内において一定の形式を有する「生活史アセスメントシート」を作成し，介護実践の際，またはカンファレンスやケアプラン会議等で，テーブルにあげながらその人の個別性をふまえつつ執り行われるべきであろう。

　六車（2015）は施設で入居者の個別な体験に耳を傾け続けていく意義について「過去の記憶を掘り起こして，利用者さんと共にその人生と向き合う聞き書きは，利用者さんの死へ向かうプロセスに本当の意味で寄り添うことであり，人が老いていくということのあり方や意味を考えていく深い営みである」[4] とその価値と意味について述べている。

　また立花（2015）は，「人間の脳のおのずからなる働きにまかせると，自然となんらかの形でその人の自分史を語りだすものであり，高齢となるにつれ，その傾向が強まり，その結果，自分史としてまとめたくなるものである」[5] と述べている。このことは，先の六車の取り組みからも，施設に入居する高齢者においても，同様な傾向を示すものと考えることができる。このことから，入居者自身が　長い個別な歴史を語ることが，実は人間の根源的な欲求であり，その要望を充足することの意義もあろう。このように捉えると，認知症の症状を有していたり，身体機能が低下している状態であっても，「生活史」の聞き取りの可能性を示唆するものと捉えることができるだろう。

　また本人が語ることが困難な場合は，家族や親しい知人等からの収集によって，補うことができるものと考えることができる。つまり，本人以外の他者が捉えた，新たな入居者の人生を捉えることができる可能性も有していると言える。このように，多面的な「生活史」の聞き取りから，本質的な「尊厳を保障する」ことを具体的なものへとしていく一助となると考えることができるだろう。

Ⅱ. 入居者の生活実態から
　　―入居者の思いを受け止めることができる介護方法論の検討―

1. 施設入居者の生活の実際

　先の研究結果より，施設入居者，それも認知症の症状を呈した者の生活実態をみると，日中における施設生活の主要素は非活動性を軸としており，それらの行動特性の集積により構成されていた。また，そのような生活実態は，落ち着いて安定した状況との認識となり，入居者の求める生活や思いを，介護職員には具体的かつ事実に即した形で，把握しきれていない状況を生んでいた。それは入居者が発する独語や，ごそごそする動きが，時間と共にストレスの高いものへと変容していく過程でもあった。また生活場面の転換を入居者自ら行うことが，重度化に伴い困難な状況となっていた。これらの入居者の生活を改善する鍵を握る存在は，やはり介護職員らである。しかし，介護職員らの認識と入居者の生活実態にはズレが生じ，修正されることは確認することができなかったことから，介護職員らは入居者に必要な具体的な介護の方法やそのタイミング，（いつ，だれが，どこで，どのように，どうして）まで十分に描ききれていないようであった。これら状況を打開する手立てとして，入居者の施設生活を支えるための「介護方法論の構築」の必要性が挙げられるだろう。

2. 介護方法論の確立において仮説の設定及び検証作業が必要である

　「介護方法論の構築」に向け，どのような視点が求められるであろうか。そのひとつに，介護職員はやみくもに実践にあたるのではなく，一定の思考過程をふまえつつ職務に臨む必要があるだろう。それは研究においても示したように，入居者の言動にはどのような意味が存在するのか，ということを推察する行為，つまりは「仮説の設定」であり，その設定した仮説を検証する思考過程や実践の必要性である。

　仮説の検証とは，実践を通して得られた暗黙知のレベルの認識を，他者に論理的に理解が得られるような形式知へと昇華させる営みである。つまり，主観

的な認識を，より客観化していくことであり，一般的には，その過程には検証作業（暗黙知として存在し，仮説として設定した事象を，形式知として検証していく作業）が伴ってくる。

　先の研究からも理解できるように，ややもすると，介護は経験や勘といった，個人の主観的な判断や価値観によって執り行われてしまう。その様な実践は，個々人バラバラな認識に基づいた統一性のない支援となり，入居者の利益を損ねることになってしまう。このような観点に立つと，個人の勝手な解釈，経験則による我流の介護サービスの提供という世界からの脱却が求められるだろう。

　そのためには介護職員間の共通認識の形成は，まずもってその基礎となるといえよう。施設介護においても，チームの協働性に基づいて展開されている特性からも，介護職員間のみならず，多職種らとの共通認識が形成された上で援助にあたる必要性がある。つまり「共通言語を持たない専門職集団」という状況から脱却する必要性があるということである。

　このような点からも，介護方法論の確立は必要事項であり，その際には入居者の生活や行動に合わせる形で検討することが，入居者の個別性をふまえることに通じるであろう。そして，その方法論において仮説を設定し，検証するという一連の科学的な手続きをふまえることによって，介護実践の客観性が確保され，他職種間の共通認識を形成することにつながるであろう。

3．介護職員らが拠って立つ理論の必要性

　このように，施設に勤務する様々な専門職者らとの連携により，入居者の生活を支えていく訳であるが，その際，他職種者とどのように連携を図るかが，重要な要件となる。つまり，介護職員らは，自身がどのような価値観や立場，理論に基づき実践にあたっているのかが問われることになるであろう。それは介護とは何かという本質的な議論や認識に関連するものである。介護方法論の構築においても，その底辺にある理論がどのようなものであるのかが明確化されていなければ，実現困難となってしまうであろう。

これらのことからも，介護職員らが拠って立つことのできる理論の必要性がある訳だが，その際，重要なことは，第一に，介護職員の展開する業務がどのような構造を持つものであるのかという視点。第二に，施設で暮らす入居者の生活実態とはどのような特性を持つものかという視点。そして第三に，その両者をつなぎ合わせた考察の必要性があるという視点，であろう。それは両者の立場（介護職員であれば介護提供時の「ねらい」であり，施設入居者の立場であれば生活におけるそれぞれの「思い」であろう）に基づいた実態の検証を行い，その後両者の立場をふまえた検証が求められるということである。

　つまり，介護の理論化にはその両者の立場を包括的に捉える視点が必須であるということである。そのためには，①現場の介護職員自身が介護研究の方法を持つこと，また，②入居者の思いをふまえる当事者性の視点が必要であるということ，そして，③介護現場と研究者との協働が必要であるということ，である。つまり，介護職員らがチームを形成して実践にあたる際の共通の認識の枠組みとなる，介護理論構築に向けて，重層的に検討を進めるシステムづくりが，施設介護に関わる様々な人たちによって，組織化されることが，社会的にも求められていると考える。

Ⅲ．施設介護職員の労働環境・条件の改善に向けて

1．施設介護職員の労働環境の整備は "待ったなし" である

　他方，入居者の生活を支える介護職員らの労働環境や条件を再考する上で，勤務時間内における身体活動状況の測定（①歩数量，②運動強度）により，介護労働の身体負荷の構造的把握を試みた。その結果として，歩行時の姿勢は，腰部等に負荷を伴う姿勢を余儀なくされる状況が予測された。また中堅・新人という勤務年数によって身体活動状況（歩数）は変動しておらず，勤務年数よりも，所属するユニットあるいはフロアの業務（介護）内容に，身体状況を左右する要素があった。その状況から，介護労働は定型化された業務のもと，一定の動き（負荷）で実行されており，また同時に入居者の状態に応じた動きを介護職員は判断し制御していると考えられた。

また日勤帯及び夜勤帯の異なる勤務下における歩数量及び運動強度には，個人差があることを前提としつつ，夜勤帯の歩数量及び運動強度は日勤帯と同レベルの状況にあった（ただし，勤務時間が長時間化することで身体的な負荷は増加する）。また夜勤帯においても個別なニーズに対応している姿があり，その際介護職員ひとりにかかる負担は，身体のみならず精神的負担を強く併せ持つものとなっていることが推察された。

そして業務との関連から運動強度をみると「強度2（歩行レベル）」という弱い強度が絶え間なく続く労働状況と合わせ，一定の時間にまとまって同業務を遂行しつつ，業務内容が次々に入れ替わり実行されている。そのような負荷の中で，重度化する入居者の個別な生活ニーズを捉えつつ，一人ひとりに合わせた援助が展開されていることが推察できる。

このように，個別の入居者の状態を把握し，即時的な判断が求められるという，複数の要素を加味した着地点に，高齢者施設における介護労働（業務）の特徴が確認された。

これら研究結果を受けて，介護職員らの日々の業務が，やみくもに行われている訳ではないことを理解する必要があるだろう。つまり，様々な先行研究においても，明らかとされている負担の強い労働環境を，いかに軽減する方策がとられるべきか，という議論をふまえると，その具体的な環境整備は"待ったなし"の状況であると言えるだろう。

2．介護ロボットをはじめとするイノベーションは必要だが，施設介護労働者の代替にはなり得ない

そして介護労働においては，絶えず，人材確保の困難さがクローズアップされている。その状況を改善する方策として，福祉用具の積極的な活用，または介護ロボットの導入といった，イノベーションを軸とした提言がなされている。そのような介護職員らの労働を軽減，またはアシストするような機器の導入は，重度化した入居者へ対応することが求められている施設介護労働において，必須事項であろう。

ただし，次のような議論がなされていることはいかがなものであろうか。それは，2017年11月6日，中部経済連合会は，ロボットや情報通信技術（ICT）を活用した次世代型介護の導入促進に向け，ロボットや機器の仕様の標準化のほか，導入施設に対する介護報酬や人員配置基準の見直しが必要との報告書をまとめた。この報告書には，ロボットを導入した施設への介護報酬加算の充実と合わせ，導入施設は職員数を減らせるといった人員配置基準の見直しに取り組むよう政府に求めている（2017年11月7日中日新聞朝刊）[6]。また，日本経済団体連合会（日本経団連）の井上隆常務理事も「人員基準の見直しを考えていくべき」と主張している。これに対して日本医師会，日本看護協会，全国老人福祉施設協議会は「時期尚早」と苦言を呈している。

　筆者の研究に基づけば，高齢者施設における介護職員の労働特性としては，入居者のニーズ充足に向けて，絶えず動き続ける状況を伴っている。また，休憩時間を確保することもままならない状況が確認されている。

　これらの実態をふまえると，特に人員配置においては，介護職員の労働負担を考慮しなくてはならず，現行より手厚くすべきである。その補助として福祉用具や，介護職員の身体負担を軽減する労働支援補助機器（HAL）等の活用は必須であろう（筆者は特に，HALの活用は腰部負担の顕著な実態からも導入が求められると認識している）。しかし，あくまでもそれは機器を扱う人の存在が前提としてあることをふまえなくてはならない。製造業のそれとは異なり，対象は個別かつ固有な生活背景や要望を有している人である。

　そしてそれら入居者のニーズ充足において，介護職員らの判断や対応が即時的に求められる施設においては，介護職員の代替としての役割を介護ロボットが担うことは困難である。これを近年の社会構造の変容に伴う，とりわけ労働力人口の減少に端を発する，人材不足の問題と混同，または直結した論点であり，本質的な議論・論理のすり替えであると言えるだろう。

　そして，テクノロジーの進歩により，実は新たなニーズ充足の要望が出現し，対応が求められるという歴史的な事実に基づくと，同様に，高齢者施設においても，新たなニーズが出現してくるであろう。その際には，それらニーズの充

足の必要性からも，新たな人材雇用の必要性が出てくると，予測することができる。

　このことから，高齢者施設において，どのような人員配置のあり方，またはその検討の視点が求められるであろうか。以下，筆者の研究成果からいくつかの方策を示すこととする。

3．入居者理解のための時間の確保を実現する体制づくり

　先にも示したように，入居者理解が深まるかかわり合いの時間が希薄化している状況があった。そのような状況を改善するひとつの方策として，介護職員らは介護業務において「準備や片づけ」に費やす時間があった。その時間は，限られた勤務時間内において膨大な量をなっている。例えば，「食事に関わる準備・片づけ」においては介護職員の業務において3番目に多くの時間を要することが明らかとなっている。この他の，準備・片づけや掃除等の業務を加味すると，膨大な時間が費やされていることがわかる。この時間を入居者とかかわり合う時間として活用することができるのではないだろうか。つまり，これら単純作業を受け持つ専門の職員によって対応をすることである。その者は，業務委託やパートタイムとしての雇用状況にある者で執り行うことであり，それぞれの施設においては，その体制づくりである。介護業務及び入居者の生活の連続性に対応する中で，これら作業を担う場面が多くなってしまうことがその要因であろう。つまり生活を支援するということは，雑多な行為が出現する割合が多くなる要素を持っており，それをこなす過程で介護職員は「なんでも屋」的な立ち振る舞いが求められてしまうのであろう。

　この部分の業務を担う役割の棲み分け・明確化を進めることで，業務内に入居者とかかわり合う時間を確保することが可能になると推察される。そのかかわりを通して，尊厳のある存在としての入居者理解を深めることができ，かつ入居者の抱える生活課題を適切に捉え，仮説を設定し検証する作業へとつながる貴重な時間を確保できるのではないか。またそれは，介護職員らが「思考する時間の確保」とも言えるだろう。

4．人員配置基準の見直しの根拠が必要

また夜間業務において，介護職員らは絶えず入居者のニーズに応じている状況があることを，身体活動の状況から読み取ることができた。その際，夜勤帯の職員配置は日勤帯のそれと比べ，非常に手薄なものとなっている。この状況は，長い間施設介護体制として保持され続けてきた歴史がある。しかし，そのような労働状況は，身体的な負担のみならず精神的な負担が伴った，重層的な負担へとつながってしまっている。

これらの実態から，まずは根本的な対応として，夜勤帯のみならず，日勤帯においても休憩の時間を確保し，途切れなく継続する業務から身を外すことが求められるだろう。しかしそのような基本的なことすらも，困難な労働環境であれば，やはり人員配置の基準の見直しは必須であろう。特に夜勤帯の人員配置の見直しは早急の課題である。何故なら，夜勤帯においても，日勤帯と同様に入居者のニーズは存在しているからである。夜勤帯にはそのようなニーズは存在しない，またはあったとしても限定的であるという認識があるならばそれは間違いである。

ただし，やみくもに人員を増やすことが問題の解決となるわけではなく，入居者の状態に応じた介護方法論の検討は必須である。つまり，ねらいや意図を持った入居者への支援において，どれだけの人員が，どの時間帯に必要であるのか，といった「介護方法論」が明確にされていなければ，人を増員する根拠を示すことができないこととなる。

このことからも，適正な人員配置の検討においては，介護方法論を基礎とした，介護体制の確立といった課題検討の延長線上に，標準的な人員配置のあり方が議論されることが，現実的な要求につながるのではないだろうか。

5．施設介護労働の特性を加味した「介護労働基準法」の必要性

上述した施設の介護体制の検討により，入居者へ適切な支援が可能となる側面がある一方で，夜勤帯のように，構造的な人員不足の基準により，入居者への個別な対応が困難な状況を解消する政策のあり方が求められるであろう。

施設介護労働は「強度2（歩行レベル）」という弱い強度の負荷が，途切れることなく，絶えず繰り返され継続されており，その際の姿勢は，腰部へ負担が長時間強いられている特性を持つものであった。それも昼夜を問わず，十分な休憩もとれず，執り行われる状況である。これら業務特性を有する，施設介護労働は，現行の労働基準法において適切な対応（労働者の安全の確保）が可能なものとなっているのだろうか。このことから，労働基準法に基づいた労働条件による対応ではなく，新たに「介護労働基準法」なる，施設介護労働の特性を加味した制度の創設も必要ではないだろうか。

　このように，施設において検討しうる可能性がある側面と，個々の施設の努力では，対応困難な案件について検討を進めるという，両側面から施設介護労働を支える仕組みづくりが求められるであろう。

　「介護労働安定センター」[7]が実施した調査において，介護従事者の過不足の状況について，不足とする事業所は56.5％であり，慢性的な人材不足の状況を示している。また労働条件の不満として，人手不足45.0％，低賃金43.6％，身体的負担が強いが31.3％となっている。

　一方，仕事のやりがいについては54.0％が感じていることからも，そもそも，身体・精神両面において負担が伴う状況下において，半数以上の介護職員らが介護という仕事にやりがいを持っていることは，実は，それだけの内容を含んだ職種であることを示唆するものと言えるだろう。つまり，労働条件が整えば仕事としてやりがいを持つことや，継続した勤務が可能であることを意味している。

　このような現状を鑑みると，介護職員らが長期間腰を据えて職務にあたることのできる環境整備及び法整備は重要であり，そのことが，やりがいを感じつつ職務にあたる者が，相乗効果として増加していく要素ともなることを期待しうるものではないだろうか。

注
1）中野卓『口述の生活史』御茶の水書房　1977　p.6。
2）野本京子「生活史と資料」松井誠・中島邦編著『講座生活学3　生活史』光生館　1993　p.39。
3）立花隆「第17回自分史フェスタ特別講演」　かすがい市民文化財団主催　愛知県春日井市春日井市民会館　2015年5月23日。
4）六車由実『介護民俗学へようこそ』新潮社　2015　p.282。
5）前掲3）。
6）『中日新聞』2017年11月7日朝刊。
7）介護労働安定センター「平成25年度介護労働実態調査結果について」　2014　pp.1-11。

【参考文献】

井尻正二『科学論』(上)　国民文庫　1977
井尻正二『井尻正二選集全10巻』大月書店　1983
内田和成『仮説思考』東洋経済新報社　2006
ゴッフマン，E.著，丸木恵祐・本名信行訳『集まりの構造―新しい日常行動論を求めて―』誠信書房　1980
ティモシー・ダイヤモンド著，工藤政司訳『老人ホームの錬金術』法政大学出版局　2004
ハーバードビジネスレヴュー『ナレッジマネジメント』ダイヤモンド社　2000
中野卓『中野卓著作集生活史シリーズ1　生活史の研究』東信堂　2003
マイケル・ポラニー著，伊藤敬三訳『暗黙知の次元―言語から非言語へ―』紀伊國屋書店　1980
山際耕兄「介護福祉士養成教育への覚書」『中央総合福祉専門学校研究紀要1』1995

おわりに

　介護とは人の生死に直面し，思慮を深めることが日常に溢れた，非常に尊い内容を含んだ行為であり職種である。また，科学的な知見に基づき，チームとして協働しつつ援助を展開するという専門性を伴っている。しかし，介護が誰にでもできる，単純労働としての認識がある。確かに介護職員らは「何でも屋的ふるまい」を余儀なくされている現状もある。しかし，よくよく見ていくと，その背景には，心身面の機能低下に伴った，施設入居者のニーズ充足に奔走することで，より強化されていく姿であることが分かる。そしてその過程では，実は深い洞察力や判断のもとで実施されている。ただし，入居者理解において必要なかかわり合う時間の確保は十分ではないことから，個別な入居者理解を困難にしている側面も否定できず，課題である。近年介護を取り巻く現状は，人材不足，財源の問題，介護職員らの待遇面・身体・精神的な負担等といったネガティブな側面ばかりがフォーカスされている向きがある。それらは今後も引き続き，改善すべき課題である。そして同時に介護は，尊く，醍醐味のある職種であることは間違いない。今一度，先人らの実践に目を向け，その歴史的な流れの中で，高齢者施設の課題や現状を正しく捉え，課題解決を検討することが必要である。そして，これからの高齢者施設における介護のあり方について，議論を深めていくことが求められているのではないだろうか。その一助に本書が少しでも貢献できれば幸いである。

　本書発刊にあたり，ご多忙の中，適切な助言を学文社社長田中千津子氏から頂いた。ある時には，子どもらの成長を気にかけ，温かい言葉をかけて下さりもした。深く感謝申し上げる。また，故・山際耕兄先生，故・林喬先生，故・澤田清方先生方には生前，言葉では言い表せないほど大変お世話になった。先生方の高齢者福祉に向けた情熱は，筆者をはじめ多くの師弟らに引き継がれている。そして，その思いを次の世代につなげていく使命が我々にはあるのだと思う。この場をかりて，心より感謝申し上げる。そして妻，彩香の内助の功に

より，本書をまとめ上げることができた。感謝する次第である。

　なお，本書は，すでに発表された，いくつかの論文を加筆・修正したものである。また本書発刊にあたり書き下ろしたものも合わせて以下に示す。第Ⅰ部：第2章「優先入所基準に伴う施設入所の現状と課題⑴─B指定介護老人福祉施設における入所判定に関わる施設管理職員らの立場から─」『岡崎女子短期大学研究紀要』第38号（2005），第3章「指定介護老人福祉施設における認知症高齢者の行動特性からみた施設生活の実態」『岡崎女子短期大学研究紀要』40号（2007），第4章「認知症高齢者ケアの方法論の検討に必要な基本条件に関する研究」『人間関係学研究』14巻1号（2008），第Ⅱ部：第5章「介護の生活環境における唾液アミラーゼ活性によるストレス測定に関する研究」上田智子・仲田勝美・志水暎子『環境経営研究所年報』第10号（2011），第6章「介護職員の歩数量及び運動強度からみた施設介護労働の実態─状態の異なる入所者で構成されるフロアにおける比較─」仲田勝美・上田智子『地域協働研究』1号（2015），第7章「ユニット型施設における介護職員の歩数量及び運動強度からみた介護労働の実態─日勤帯及び夜勤帯における比較検討─」『岡崎女子大学・岡崎女子短期大学研究紀要』50号（2017）。なお第Ⅰ部第1章，第Ⅱ部8章，第Ⅲ部総合考察，については本書発刊にあたり新たに書き下ろした。

　　2018年3月18日

仲田　勝美

著者紹介

仲田　勝美（なかだ　まさみ）

1971 年生まれ。2001 年日本福祉大学大学院社会福祉学研究科福祉マネジメント専攻修士課程修了（福祉マネジメント修士）。介護福祉士
現　　在　岡崎女子短期大学准教授

主要著書
『介護福祉学』共著　学文社　2006
『介護技術学』編著　学文社　2007
『総合福祉の基本体系（第 2 版）』共著　勁草書房　2013
「介護職員が認識する高齢者の恋愛感情の特性をふまえた援助に求められる視点に関する研究」共著『人間関係学研究』2012
「認知症の世界を生きる太田正博氏とその援助者の姿から考える援助のあり方」単著『福祉図書文献研究』2013

他

高齢者施設介護への視座 ― 施設入居者の生活実態及び介護労働の歩行調査を手がかりに ―

2018 年 4 月 9 日　第 1 版第 1 刷発行

著　者　仲　田　勝　美
発行所　株式会社 学　文　社
発行者　田　中　千津子

東京都目黒区下目黒 3 - 6 - 1　〒153-0064
電話　03（3715）1501　振替　00130-9-98842
http://www.gakubunsha.com

ISBN978-4-7620-2803-8　検印省略　印刷／倉敷印刷株式会社
落丁，乱丁本は，本社にてお取替え致します。
定価は売上カード，カバーに表示してあります。